申鎮相 著　林又晞 譯

有錢人的書櫃
總有一本人文書

부자의 서재에는 반드시 인문학 책이 놓여 있다

CONTENTS

PART 2

有錢人在哲學中尋找投資武器

PART 3

有錢人在歷史中閱讀關於錢的鬥爭

PART

4

有錢人在文學中描繪資本主義的未來

序

前往孕育有錢人的思想和視角的地方
——「有錢人的書房」

這世上難道有不想成為有錢人的人嗎？人們正是因為如此，閱讀理財和自我成長書籍。尤其是在大韓民國，自我成長書籍幾乎沒有不受歡迎的時期。那麼，所有讀過那些書的人都成為有錢人了嗎？大家都知道並非如此。

為什麼會這樣呢？因為想成為有錢人的人往往只關注有錢人賺錢的方法，而非「有錢人在想什麼」。有錢人很清楚，財富的來源在於人類的想法，而世上那麼多的投資書籍，不過是利用既有的統計或框架來解釋這些想法的結果罷了。換句話說，他們深知人文學，這門研究人類想法的學問，才是真正的財富泉源。

因此，有錢人並不像人們一般想的那樣，他們不會先教導子女成為有錢人

所需的投資方法，或學習企業投資的財務報表分析方法等技能。他們會先教他們人文學，其次才是實用的學問。這也就是為什麼李秉喆[1]會長建議他的兩個孫子（三星電子會長李在鎔（이재용）與新世界集團會長鄭溶鎮（정용진））學習歷史學，而非經營學或經濟學，因此他們才會在首爾大學分別主修東洋史學系和西洋史學系。

有錢人看什麼書來培養看待世界的眼光和展望未來的洞察力呢？答案就在被稱為「文史哲」（文學、歷史、哲學）的人文學裡。雖然有錢人都是投資專家，但他們書房的核心位置擺放的卻都是人文書籍。以產業報國的理念引領大韓民國的李秉喆會長，在生前曾公開要子女閱讀九本必讀書籍，這些書全是東方的經典。避險基金大師喬治·索羅斯[2]至今還會閱讀卡爾·波普[3]的哲學著作。不久前去世的「價值投資達人」查理·蒙格[4]，即使已年過九十，也依然在閱讀康德[5]的哲學著作。

在擔任新聞記者的時期，我負責採訪ＩＴ產業領域，並接觸到許多有錢人。

之後，在做升學顧問和寫理財書的過程中，我也有機會能與各種業界的有錢人見面、窺探他們的書櫃，並談及他們閱讀的書籍和人文學相關話題。本書可以說是這些紀錄和經驗的珍貴隱性知識寶庫。

本書共分為四個部分。第一部分講述有錢人是什麼樣的人、對什麼感興趣，有錢人從哪裡尋找財富機會、如何將財富傳承給子女，並說明其背後的人文思想。

從第二部分開始，我會按照哲學、歷史、文學等人文學三大領域來介紹有錢人主要閱讀和感興趣的書籍，包括經典和新書。儘管令人意外，但實際上許多世界富豪都從哲學中尋求創造財富的方法。因此，我認為用「哲學」來打開有錢人的人文書房再適合不過。在第二部分，可以從孔子、孟子、老子等東方思想家，

1 이병철，一九一〇～一九八七，韓國三星集團創始人。

2 George Soros，一九三〇～，美籍猶太人商人、貨幣投機家、股票投資者，索羅斯基金管理公司和開放社會研究所主席，曾為美國眾議院外交事務委員會董事會成員。

3 Karl Popper，一九〇二～一九九四，奧地利－英國哲學家，評論家與自由主義思想家，也是批判理性主義的創設者，科學哲學的代表人物。

4 Charles Munger，一九二四～二〇二三，美國企業家、億萬富豪，曾任波克夏·海瑟威投資控股公司的首席副董事長。

5 Immanuel Kant，一七二四～一八〇四，啟蒙時代德意志哲學家，德國古典哲學創始人。

和柏拉圖[6]、亞里斯多德[7]、康德、叔本華[8]、尼采[9]、邊沁[10]、卡爾．波普等西方哲學家書籍中，了解有錢人共享的投資靈感與泉源。此外，我還會談及最能夠展現出投資心理的理論，包括西格蒙德．弗洛伊德[11]的理論和丹尼爾．康納曼[12]的行為經濟學[13]。

接著在第三部分歷史中，我將從「圍繞金錢展開鬥爭」的觀點出發，講述歷史中的戰爭，以及一直以來主導世界的霸權國家——希臘、羅馬、中國、英國和美國的故事。此外，我還會一一探討提出了「推動世界運轉的金錢原理」的猶太人和與之相對的阿拉伯文明。

在最後的第四部分，我們將聚焦於文學如何與有錢人的商業創意和成功的基礎接軌。我們可以有趣地了解引領世界的執行長比爾．蓋茲[14]、伊隆．馬斯克[15]、傑夫．貝佐斯[16]和馬克．祖克柏[17]是如何從各種文學作品中獲得商業創意，並將其昇華成為財富。

如果想成為有錢人，最佳的方法就是了解有錢人的想法，而了解有錢人想法的最佳方法就是參觀他們的書房。希望透過本書，讀者能夠了解為什麼他們的書櫃上特別多人文書籍、為什麼他們會拚命學習人文學，以及他們想從中獲得什麼，還有他們看待世界的眼光是如何塑造的。

6 Platon，前四二九～前三四七，古希臘哲學家，雅典人，著作多以對話錄形式紀錄，並創辦了著名的柏拉圖學院。

7 Aristotle，前三八四～前三二二，古希臘哲學家，柏拉圖的學生、亞歷山大大帝的老師。

8 Arthur Schopenhauer，一七八八～一八六〇，德國哲學家，唯意志論主義的開創者。

9 Friedrich Wilhelm Nietzsche，一八四四～一九〇〇，德國哲學家、詩人、文化批評家、古典語言學家和作曲人。

10 Jeremy Bentham，一七四八～一八三二，英國哲學家、法學家和社會改革家。

11 Sigmund Freud，一八五六～一九三九，奧地利心理學家、精神分析學創始人、哲學家、性學家，二十世紀最有影響力的思想家之一。

12 Daniel Kahneman，一九三四～二〇二四，以色列裔美國心理學家，於二〇〇二年獲得諾貝爾經濟學獎，於二〇一一年出版暢銷書《快思慢想》（*Thinking, Fast and Slow*）。

13 behavioral economics，承襲經驗主義，並受到心理學與認知科學的影響，探討社會、認知與情感的因素，與個人及團體形成經濟決策的背後原因，並從而了解市場經濟運作與公共選擇的方式。

14 Bill Gates，一九五五～，美國著名資本家、投資者、軟體工程師、慈善家，與保羅，艾倫一起建立微軟公司，曾任微軟董事長、CEO 和首席軟體設計師。

15 Elon Musk，一九七一～，美國商業大亨、英國皇家學會會士、美國工程院院士，SpaceX 的創始人、特斯拉執行長、OpenAI 聯合創始人、X公司的技術長及董事長。

16 Jeff Bezos，一九六四～，美國網際網路巨頭亞馬遜公司創始人及現任董事長。

17 Mark Zuckerberg，一九八四～，Facebook 創始人、Meta 董事長兼執行長。

如果一個人以他的財富為驕傲，
那麼要看他如何運用財富，
才知道他是否應該被稱讚。

——蘇格拉底[18]

18 Socrates，前四七〇～前三九九，古希臘哲學家。

PART

1

有錢人的書櫃為什麼總有一本人文書？

韓國的有錢人靠什麼賺錢？

韓國有錢人報告

在了解有錢人的想法之前，最好先了解一下該如何分類韓國的有錢人、他們最近靠什麼來累積財富。

《韓國有錢人報告》是ＫＢ金融控股集團每年年底發行的一份權威研究報告，它聚焦於十億韓元以上的金融資產家，每年提供韓國有錢人如何賺錢的寶貴資訊與洞察力。

報告以金融資產（如存款或股票）達十億韓元為標準來界定有錢人，在大韓民國約有四十五萬人符合，因此可以把這個數字視為大韓民國前１％的人除了每個月花費的生活費外，還擁有約十億韓元隨時可以變現。如果還包含房地產，則擁有一百億韓元左右的人可以被稱為有錢人。由於江南三區[19]（包括龍山區[20]）的自住房屋價格過高，韓國因房地產引起的貧富差距，比吉尼係數[21]所顯示的所得差距更為嚴重。擁有者與未擁有者之間的激烈衝突，正是源自於此。

根據KB金融控股集團的報告，72%的有錢人居住在首都圈，其中45%住在江南三區。這不禁讓人產生「除了首都圈以外，大韓民國還剩下什麼呢？」的想法。這種財富差距直接影響到教育和大學入學，導致許多學生都以「考進首爾」為目標，就連地方的醫學院學生也會為了進入首爾的醫學院而選擇重考。

將大韓民國四十五萬六千名有錢人按照前五大地區進行分析，居住在首爾的人有二十萬人、京畿地區十萬人、釜山二萬八千人、大邱一萬九千人、仁川一萬四千人。可以看出，有錢人集中在前五大地區的現象很嚴重，尤其是除了首都圈以外，只有釜山和大邱勉強躋身前列。雖然釜山也有數十億韓元的公寓，但從人口方面來比較，首爾的有錢人似乎比釜山多四倍左右。如果說是嶺南地區[22]的有錢人遷至首爾江南，造就了如今的江南，那麼韓國有錢人的形成過程似乎有些狹隘。

目前有錢人之間的兩極化現象也在加劇。韓國的前1%有錢人擁有41.1%的財富。超高資產家是指擁有三百億韓元以上資產的人，在韓國約有九千人。如果只統計這些人，各地區財富集中的比例可能會更高。

韓國有錢人正走在多元的路上

雖然近年來有一些人透過股票或比特幣賺了大錢，但韓國的財富仍然以房地產為中心。根據二〇二三年《韓國有錢人報告》顯示，韓國有錢人擁有的房地產資產為二千五百四十三兆韓元，比前一年增加了7.7%。儘管新聞和YouTube上說得好像二〇二三年的房地產價格一直在下跌，但有錢人擁有的房地產卻增值了。在韓國有錢人擁有的資產中，57%是房地產，37%是金融資產，其餘的部分則是比特幣或珠寶投資等。此外，有錢人也很積極地在投資畫作。與二〇二二年相比，

19 首爾的一個行政區，位於漢江以南，三區則是指松坡區、江南區和瑞草區。
20 位於首爾市中央、漢江以北，為著名的遊客區。
21 Gini coefficient，是判斷所得分配公平程度的指標。
22 韓國慶尚南道和慶尚北道的別稱，涵蓋釜山廣域市、大邱廣域市和蔚山廣域市。

二〇二三年成長尤為顯著的資產是黃金和珠寶，在除了房地產和金融資產以外的其他資產中的占比從26.8％增加到32％。

在韓國，藝術基金似乎遲早將興起，目前30.6％的有錢人都在投資畫作，這個比例較去年上升了5.2％。二〇二二年，投資在畫作的金額為「一千萬～三千萬韓元以下」占27.3％，占比最高；但在二〇二三年，占比最高的金額為「六千萬～一億韓元以下」，占24.2％。可以說，隨著投資畫作的人數增加，畫作價格也隨之上漲。根據藝術經銷商透露，特別是二十幾歲的女性當中，透過畫作交易每月賺取數千萬韓元的情況越來越普遍。

有錢人認為財富的黃金比例是「金融4：房地產5：其他1」。預計今後房地產的比例將逐漸減少，而黃金或比特幣等的占比則有望提高。至今為止，房地產一直是財富的象徵，但如今，這條路正朝向更多元的方向發展。

《Say No 的教誨》為什麼成為二〇二三年最佳圖書？

韓國二〇二三年最暢銷的書籍就是《Say No 的教誨》（세이노의 가르침）。這本書記錄了擁有千億韓元資產的一位七十多歲高齡男子的人生教誨，雖然這本書看起來像是一本理財書，但其實是一本典型的自我成長書。書中講述無論是投資還是人生，都需要智慧，作者懷抱著某種使命感，敘述了自己的成功人生故事。雖然《Say No 的教誨》的每個部分都在講述生活的態度，但從另一方面來看，這也是為了成為有錢人不可或缺的方法論。

1. **除賺錢技巧外的教誨：**《Say No 的教誨》不僅僅傳授賺錢技巧，也提供了對於生活的態度、價值觀和人際關係等人生多方面的見解。這本書不只單純討論經濟上的成功，也為度過有意義且豐富的人生提供了指引。

2. **對人類的深刻理解：**這本書內容建立在對人性、心理和行為的深刻理解之上。如果缺乏對人性的深刻理解，就無法有效地運用賺錢的技巧，也無法取得真正的成功。

3. **與社會的關係：**這本書不僅強調個人的成功，也強調與社會關係的重要性。它傳遞了一個訊息——在賺錢的過程中，不可忘記倫理和責任，應該度過為社會做出貢獻的人生。

4. **人文學價值：**《Say No 的教誨》重視人文學的價值。它提出了比金錢更重要的價值是什麼，以及身為人類應該如何生活等問題，為讀者提供審視自己生活的機會。

5. **多元領域的知識：**《Say No 的教誨》匯集了經濟、哲學、歷史和宗教等多個領域的知識，有助於開闊視野，更加廣泛地擴展思考方式。

總而言之，《Say No 的教誨》不僅僅講述經濟上的成功，還能為讀者們提供為了度過有意義且豐富人生的指南，從這一點來看，它可以被評價為一本人文書籍。這本書提供了對生活的態度、價值觀、人際關係等對人生各方面的見解，也很重視人文學的價值。

新冠疫情以後的時代精神，明顯從「財富」這個獨立關鍵詞，轉向為財富與人文的結合。Say No 充分展示了想要打造一條成為有錢人的道路，不能只靠「有錢人學」，而是需要靠財富和人文學的相輔相成。

有錢人的閱讀理解能力

華倫．巴菲特的閱讀習慣

不僅在韓國，全世界的超級富豪都有一個共同的特徵，那就是他們都像是一台「學習機器」。換句話說，他們的閱讀理解能力極為出色。九十四歲的華倫．巴菲特[23]現在仍然領導著波克夏．海瑟威公司[24]，做出投資決策，並將資產增加到一百六十兆韓元，他目前每天閱讀的報告達五百頁，相當於能夠在一天之內讀完一本厚厚的書。此外，巴菲特的投資顧問托德．庫姆斯[25]每天則閱讀多達一千頁的報告。

華倫．巴菲特從小就是個熱愛閱讀的讀書人，每天都會讀五種以上的報紙。他不僅閱讀經濟學書籍，還閱讀各個領域的書籍，累積知識並培養思考能力。他涉獵經濟、哲學、歷史和科學等各式各樣領域的書籍，不侷限於單一領域，而是不斷探索新的知識。華倫．巴菲特會批判性地閱讀，而非單純地閱讀。他會分析書籍的內容，比較自己的想法並獲得新的見解。

他的投資哲學如果沒有耐心和毅力這兩個關鍵詞，就無法成立。他甚至說過：「如果是好的股票，則可以永久持有。」他在閱讀方面也強調長期閱讀。因此，他認為比起短時間內讀很多書，深入閱讀一本書更加重要。巴菲特會反覆閱讀和思考書籍的內容，並將其內化到自己的知識體系中。也就是說，巴菲特認為，比起隨便閱讀十本普通的書，反覆閱讀一本好書更有助益。

巴菲特的閱讀習慣還有一個特點，那就是將知識轉化為行動的能力。他會把從書中獲得的知識轉化成實際行動，將從書中獲得的見解應用在自己的投資和經營中，並取得卓越的結果。

雖然巴菲特留下了關於閱讀的無數名言，但我認為，如果你正夢想著成為有錢人，至少必須將其中兩句銘記在心。實際上，我見過的許多有錢人也都秉持著

23 Warren Buffett，一九三〇～，美國投資家、企業家及慈善家，被譽為世界上最成功的投資者。
24 Berkshire Hathaway，一間總部位於美國內布拉斯加州奧馬哈的跨國多元控股公司。
25 Todd Combs，一九七一～，現任 GEICO 首席執行官，被視為巴菲特的潛在繼任者。

這兩個哲學。

「最好的投資是自己。透過閱讀提升自己的知識和能力，就是最重要的投資。」

「好書就像是一位優秀的老師。透過好書可以學習到各式各樣的經驗和知識，並發展思考方式。」

在YouTube和Netflix時代，他卻連每天一分鐘都不願花時間在看影片上，而是不停地閱讀再閱讀。華倫．巴菲特出色的閱讀能力，在建立起他的投資哲學和經營策略方面扮演著重要的角色。他吸收了各式各樣領域的知識，並以此為基礎，培養出具有創意又有效率的問題解決能力。巴菲特每次在關鍵時刻都會在公開場合表示，自己的投資決策背後離不開閱讀。他在投資蘋果之前一直對科技股抱持否定態度，但在讀過收錄蘋果執行長提姆．庫克[26]演講的書後，他這麼想：

「啊，原來蘋果正從一家科技公司轉型為一家服務型公司。如果是服務型公司，那我也懂一些。我只投資我了解的公司，現在我理解蘋果的商業模式了。」

延續財富的有錢人習慣

被稱為韓國巴菲特的未來資產（Mirae Asset）創辦人朴炫柱[27]前會長，也擁有卓越的閱讀理解能力。他早在二〇一三年就加入了個人資產一兆韓元的俱樂部，是韓國證券公司中最佳的成功典範。朴炫柱會長從證券公司的銷售員開始做起，後來創辦了未來資產，並收購了當時排名第一的證券公司——大宇證券，成為了「證券銷售員的傳說」。他以每天都會閱讀未來資產分析師們撰寫的數十份報告而聞名。精通日語的他還會詳讀日本經濟新聞和野村證券等日本證券公司發布的報告。

26 Tim Cook，一九六〇～，美國商業經理、工業工程師和工業開發商，現任蘋果公司執行長。

27 박현주，一九五九～，在二〇一九年《富比世》全球富豪榜上，以十六億美元的身價排名韓國第十八名。

據說，最近他還學習了中文，開始掌握中國國內發行的關於二次電池、電動汽車等的報告。「TIGER ETF」等未來資產基金，之所以在韓國首次開啟了中國二次電池[28]和比亞迪（BYD）等電動汽車的成長可能性，並快速地進入市場，可以說是多虧於朴炫柱會長即時閱讀中國相關報告，並察覺市場變化的閱讀理解能力。

那麼有錢人為什麼擁有卓越的閱讀理解能力呢？雖然有很多綜合性的因素，但從延續財富的有錢人的幾個主要因素來看，可以整理出以下幾點：

1. **優質的閱讀習慣**：鼓勵孩子們從小開始閱讀，堅持閱讀各種書籍、參與閱讀討論，並分享閱讀經驗。這種優質的閱讀教育有助於發展詞彙能力、寫作能力、想像力、邏輯思考能力和批判性思考能力等閱讀理解能力所需的要素。也就是說，有錢人從小就很熟悉書籍，即便在這個影片氾濫的時代，他們依然延續著這個習慣。
2. **語言刺激**：為孩子們提供各式各樣的語言刺激。透過旅行、外語學習、文化活動、講座和導師指導等多種刺激，有助於孩子們發展語言能力，尤其能夠提高詞彙量和語句表達能力。除了早期英文教育外，早期中文教育也特別有助於左腦的發育。

3. **溝通能力**：從小開始持續培養明確、有邏輯地傳達自己的想法、理解他人的話，並使用符合情境的適當語言的溝通能力。這種有效的溝通能力是閱讀理解能力的重要要素，也是在社會上獲得成功所必需的。

4. **社會網路**：自然而然地提供與高教育水準的成功人士交流的機會。透過這種社會網路，孩子們可以獲得學習新知、接觸多樣觀點並發展自己能力的機會。此外，還要積極參加定期的閱讀聚會或邀請作者參加的午餐聚會等活動。

28 二次電池係指電池之電能消耗完畢後，可再次充電重複使用，而電能消耗完畢後，電池之使用壽命即告結束者，稱為一次電池。

許多成功人士和有錢人總是把書籍放在身邊，一有時間就翻開書籍，培養思考和見解能力。因為 YouTube 隨時可能被更受歡迎的媒體所取代，但透過書籍獲得的看待世界的視角與對人性的理解絕對不會被取代，而會成為自己獨一無二的武器。

在人文學中探索AI與人類的不同

「AI絕對無法理解的人性是什麼？」

對於這個主題，有錢人比任何人都還要感興趣。他們對於未來很感興趣。他們之所以喜歡歷史書，也是因為他們試圖從過去的數據中尋找模式來預測未來。在大多數人都預測未來的財富將來自AI的情況下，有錢人卻更加關注「AI絕對無法模仿的人性是什麼」。這個答案可以說是人文學的力量。

從科幻作家劉宇昆[29]的最新短篇小說中，我們可以窺探到關於這一點的線索。《*SFnal2022*》是韓國HUBBLE出版社出版的書籍，它的第一部收錄作品〈與人類合作的所有AI需要銘記的50項事項〉，是一部需要具備一些人工智能常識的小說。撰寫這篇小說的華裔美國人劉宇昆畢業於哈佛大學，在大學時雙主修了英文

29 Ken Liu，一九七六～，美籍華裔科幻和奇幻作家，也是翻譯員、律師和電腦工程師。

系和計算機工程系，之後進入哈佛的法學院，累積了律師的經驗，後來在微軟等公司擔任工程師。他堪稱文理科綜合型人才，而這次他在作品中與ＡＩ共同創作，我認為意義非凡。

在這部作品中，承載著作者對於「ＡＩ絕對無法觸及的人性是什麼」的苦惱。他認為人類獨特的特質是什麼呢？以下為各位介紹幾點。

1. **備受寵愛的孩子為什麼會生氣**：以人工智能的視角來看，這或許是個難以理解的問題吧？孩子為什麼有時候會對愛著自己的人生氣呢？人工智能很難理解人類情感的奧妙之處。人文學與只包括人類理性的科學不同，同時還包含人類的情感和理性，ＡＩ無法完全理解這樣的人文學。

2. **看著超越自己的孩子的心情**：人工智能或許會問，父母看到比自己更聰明的孩子時，難道不是應該純粹感到幸福嗎？但人類並不一定如此，有時候也會感到嫉妒。為了孩子甚至可以放棄生命的父母竟然會嫉妒孩子，ＡＩ大概永遠無法理解。

3. **愛與好感的差異：**ＡＩ真的能夠理解這兩個詞的微妙差異嗎？愛與好感有何不同，又有何相似？即便是人類，儘管在心境上能夠理解，大概也很難用語言表達那微妙和模糊的界線。這或許是只有人類才能感受到的情感。

4. **愛與憎恨的相似性：**這兩種截然相反的情感究竟有多麼相似，恐怕只有真正成為人類才能明白。這兩種情感就好像硬幣的正反面，讓我們思考一下相愛到最後卻分開的夫妻吧。愛恨交織是比單純的憎恨和無條件的愛更強烈的情感，ＡＩ是否能夠理解最後面臨離別的戀人或夫婦的那種情感深度？

5. **沉默：**沉默也是一種語言。所有的沉默都無疑蘊含著意義，人類也透過沉默積極溝通。但是ＡＩ是否能利用沉默進行真正意義上的溝通呢？恐怕不可能。

6. **隱喻的矛盾性：**如果有一天ＡＩ能完全理解隱喻中所蘊含的矛盾性，那時候ＡＩ或許就不再是從屬於人類的存在了。

7. **用不帶傲慢和憐憫的態度對待人類**：傲慢和憐憫是人類對他人、有時對自己所感受到的微妙情感。但ＡＩ在對待人類的時候，也能夠感受到傲慢和憐憫嗎？

我認為劉宇昆是一位兼具西方理性主義和東方世界觀的作家，因此才可以如此細膩地指出人工智能和人類之間的根本差異。我們或許應該思考一下，他所提出的「人性」究竟蘊含著什麼樣獨特的力量與可能性。

很多有錢人都主修人文學的原因

在韓國特別受到關注的傳奇投資者吉姆・羅傑斯[30]是一位在耶魯大學主修歷史的人文學者。他是做空和投資衍生商品等的「數學天才」，理應畢業於工科大學或數學系，但他卻擁有人文背景，令人感到意外。

當提到吉姆・羅傑斯時，人們會想到他以與大多數人完全相反的投資策略而聞名。代表性的例子是，他在與喬治・索羅斯創立量子基金的時期，與華爾街的預期完全相反，投資了瀕臨破產的洛克希德公司[31]。他也曾在十年內創下了足足超過４２００%的收益率，親身展現出什麼是真正的逆向投資，這樣的他的哲學十大戒律如下。

30 Jim Rogers，一九四二～，美國著名投資者、經濟分析師，曾與索羅斯共同創立量子基金，以投資於商品期貨聞名，有「商品大王」之稱。

31 Lockheed Martin，一家美國航空航太製造廠商，以開發、製造軍用飛機聞名。

1. 牛市[32]的最後階段總是伴隨著神經質般的突然波動結束；熊市[33]的最後也總是伴隨著恐慌落下帷幕。
2. 當你遠離那些往同一個方向集中的人群時，就能夠賺大錢。
3. 成功的投資者會抓住能夠低價購買有價值資產的機會，並長期持有。
4. 股市下跌，商品市場就會興起。
5. 股價在最糟的情況下可能為0，但商品無論形式如何，都是能夠為人提供價值的實際物品。
6. 商品市場動盪、價格波動是因為需求和供給在發揮作用。
7. 整天都在關注商品價格的波動，無論對身體還是金錢都不好。
8. 戰爭和政治動盪會進一步抬高商品價格。
9. 如果價格沒有高到難以置信，就絕對不要做空（賣出期貨）。
10. 一個國家的經濟狀況如何並不是決定商品價格的因素。

約翰·坦伯頓[34]像吉姆·羅傑斯一樣，是一位透過逆向思考投資取得成功的基金經理，並因在華爾街被譽為「精神投資家」而聲名大噪。他的投資哲學是，在悲觀情緒達到極致時進行投資。以下是約翰・坦伯頓給投資者的建議，如果能與吉姆・羅傑斯的原則對比參考，效果會更佳。

1. **當發現更優質的股票時，果斷更換**：採用同時觀察多支股票的比較交易方法。
2. **小心公共性質強的股票**：避免銀行、礦山等政府干預產業。
3. **不能只相信股價公式**：有時候會因為指標分析而令人更加混亂。
4. **沒人能夠知道股價的最低點和最高點**：所有人都需要謙虛，因為沒人能知道最高點和最低點。
5. **在全球範圍內尋找便宜的股票**：就像一九六〇年代將目光轉向日本尋找「最便宜的股票」一樣，應該將目光放眼全球。

32 bull market，在國際金融市場上指某一市場、行業或金融工具的趨勢向上，在投資市場中金融商品的價格在一段時間內持續走高，而在這走高的區間內與低點相比較，上漲超過20%，稱為多頭市場也稱為牛市。

33 bear market，在國際金融市場上趨勢向下的投資市場，在投資市場中金融商品（如：大宗商品、股票、債券、ETF、期貨、加密貨幣、外匯、衍生性金融商品等）的價格在一段時間內持續走低，而在這走低的區間內與高點相比較，下跌超過20%，稱為空頭市場也稱為熊市。

34 John Templeton，一九一二～二〇〇八，英國著名股票投資者、企業家與慈善家，為共同基金的先驅人物。

6. **購買能夠戰勝通貨膨脹的公司**：廣告代理公司在契約條件中加入通貨膨脹條款，制定防止成本上漲的保護措施。應該像這些公司一樣，選擇那些能實現比通貨膨脹導致的價格上漲幅度更高收益率的企業。

7. **投資者的經驗很重要**：我們需要具備不會被暗地傳來的建議所左右的智慧。

雖然約翰・坦伯頓是在牛津大學學習經濟學的經濟學家，但他也對人文學有濃厚的興趣。他設立的鄧普頓獎（Templeton Prize）會頒發給那些在宗教領域提升人類精神境界的人，而非經濟學或科學技術領域。有錢人的書櫃裡之所以擺放人文書籍，或許是因為他們更傾向於以人類的本質和內在價值為基礎來判斷和行動。

透過NFT，聯想到白南準的創新

轉向數位資產的財富趨勢

隨著NFT（Non-Fungible Token，非同質化代幣，基於區塊鏈，因不可交換和複製而具有獨特性和稀缺性的代幣）技術的發展，再次成為焦點的領域正是媒體藝術。媒體藝術是指用電視、廣播等現代媒體取代傳統美術工具，如毛筆、帆布、青銅和木材等素材，從而擴展外延的一種新興美術趨勢。

當財富趨勢顯示正在從傳統的土地轉向比特幣或以太幣等數位資產時，最先被討論並扮演著開創性角色的領域，正是媒體藝術。媒體藝術的先驅就是我們熟知的白南準[35]。白南準在一九六〇年代呈現的以電視為媒介的裝置美術，被認為是

35 백남준，一九三二～二〇〇六，韓裔美國藝術家，他運用多種不同媒介創作，被認為是影像藝術的開創者。

將媒體理論家赫伯特・馬素・麥克魯漢[36]所提出的「媒體即訊息」這句著名的話，首次應用在藝術上的例子。他的作品是影像藝術和電信結合的形態。一九七四年創作的《電視佛陀》（*TV Buddha*）展現了佛陀透過電視顯示器看著自己的模樣。白南準以坐在電視機前的許多人為對象，對於藝術和廣播的結合能夠帶來什麼進行了思考。

一九八四年一月一日，白南準等媒體藝術家因為喬治・奧威爾[37]所預想的人類反烏托邦並沒有到來，向全世界直播了世界首次人造衛星電視節目《早安，歐威爾先生》（*Good Morning, Mr. Orwell*）。他向世界證明，藝術就像體育轉播一樣，可以成為帶給人們臨場感與振奮感的工具。在一九八四年當時，韓國的國力遠不如今天，但白南準這位世界級藝術家的威望讓韓國人倍感自豪。

白南準的藝術橫跨東西方，穿越過去與現在。有人評價稱，他從許多人觀看同一個節目的集體經驗中，為了理解彼此不同的文化，並透過舞蹈和音樂尋找融為一體的溝通之路，從不同的觀點來解釋了電視。白南準作家展示出了被戲稱為「傻瓜盒子」的電視，如何成為智慧的工具和溝通的媒介。

白南準生前曾說過：「電視是『點對空間的溝通』，而影片可以實現空間對空間、領域對領域之間的溝通。」他的洞察力達到極致，在一九六〇年代就已經預言了YouTube的出現。他預測，在未來，個人會透過製作和播放自己的節目，出現大大小小的電視站，進而擺脫壟斷式的電視台系統。

白南準的作品進入NFT化時代

白南準的作品也迎來了NFT化的時代。二〇二一年夏天，全球拍賣公司佳士得在線上拍賣中公開了白南準的影像作品〈全球常規〉（Global Groove）。當時估價在十萬到二十萬美元之間。雖然很遺憾未能成交，但其意義非同凡響。〈全球常規〉是一九七四年由美國WNET電視台首次播出的白南準代表作品之一，並曾在英國泰特現代美術館、美國舊金山現代美術館等世界知名美術館展出。此次拍賣的NFT作品，是〈全球常規〉開場三十八秒循環的影像片段。

36 Herbert Marshall McLuhan，一九一一～一九八〇，加拿大哲學家及教育家，也是現代傳播理論的奠基者。

37 George Orwell，一九〇三～一九五〇，英國左翼作家，新聞記者和社會評論家，代表作為《動物農莊》、《一九八四》。

裝置藝術難以透過線上或數位檔案收藏，具有顯著的侷限性，這也許正是此次流標的原因。今後，ＮＦＴ將持續進行新的嘗試，甚至能為演出或裝置藝術等難以收藏的藝術形式，提供所有權交易的可能性，並不斷進化。白南準和ＮＦＴ共享著相似的哲學理念，那就是「任何事物都可以成為藝術，任何人都可以成為藝術家。」

有錢人在子女教育中絕不會說的話

有錢人教育孩子時最忌諱的一句話

《財富人文學》（부의 인문학，二〇一九）是在韓國售出三十萬本的暢銷書，作者布朗斯通（Brownstone〔브라운스톤〕）是一位透過股票和房地產賺足了錢，現在年過六十，熱衷於研究康德哲學的理財作家。《財富人文學》是一本從尼采、叔本華、大衛・休謨[38]到康德，再到東方的韓非子，將金錢和哲學自由聯繫在一起的書籍。作者在實現經濟自由的同時，還將子女栽培成醫生等專業人士，在教育方面也可以說是取得了成功。這次出版的新書《人生投資》（인생투자，二〇二三）中，特別包含了許多有關子女教育的內容。他所傳達的訊息可以用一句話

38 David Hume，一七一一～一七七六，英國哲學家、倫理學家、經濟學家、歷史學家與散文家，他是蘇格蘭啟蒙運動與晚期經驗論哲學的代表人物，代表作為《人性論》。

來概括，那就是「子女能成長多少，取決於父母的信任」。他認為父母最不該說的話如下：

「辛苦的事情爸媽都會幫你解決。花時間去苦惱太浪費了，你只要專心讀書就好。」

他幾乎不會向子女要求什麼，但唯一一個要求就是「換位思考」。他建議，與其問「你為什麼那麼做？」不如詢問，同學或其他人為什麼會那樣說或那樣做？這種問題有助於孩子養成換位思考的習慣。

他強調，父母即便重回學校學習，也一定要學會的另一點就是「耐心」。因為學習是一場馬拉松，理財亦是一場馬拉松，而人生更是一場馬拉松。在投資或子女教育上取得成功的方法只有耐心，這一點是不變的真理。

有錢人的子女教育十大戒律

有錢人希望透過子女教育，將自立精神、換位思考的態度和耐心傳承給子女，希望各位能銘記這一個事實。或許以下這些話聽起來很理所當然，但有錢人在教育子女時，必定會強調這幾點：

1. **「你可以做得到。」**：相信子女的能力並給予鼓勵是父母的職責。有錢人懂得在子女面臨困難時，鼓勵他們不放棄、繼續挑戰，幫助他們充滿信心地邁向目標。

2. **「失敗是成功之母。」**：有錢人教導子女不要害怕失敗。他們會鼓舞子女，失敗是每個人都會經歷的，是學習和成長的機會。

3. **「努力比天賦更重要。」**：有錢人比任何人都清楚，努力比天賦更重要。他們會教導子女，為了達成目標，必須堅持不懈地努力。

4. **「比金錢更珍貴的東西很多。」**：真正的有錢人會告訴子女，價值觀、人際關係和經驗等比物質更加重要。只有懂得珍惜金錢所買不到的東西，才能將賺來的錢用在更珍貴的事物上。

5. **「懷抱夢想生活。」**：有錢人最警惕「我沒有夢想」這句話。他們深知，擁有目標意識在實現財富方面有多重要，因此他們會鼓勵子女相信，只要懷抱熱情為實現宏大的夢想而努力，任何事情都有可能成真。

6. **「不要害怕尋求幫助。」**：試圖獨自解決所有事情並不明智。有錢人懂得如何有效地指揮周邊的人。這種能力只有在遇到困難時，不害怕向周邊的人尋求幫助才能形成。

7. **「心存感恩。」**：雖然感謝自己擁有的一切是基本的，但這也是極其重要的。有錢人會告訴子女，經常以感恩的心對待周圍的人，並以行動表達感恩之情。

8. **「相信自己。」**：相信並尊重自己很重要。有錢人父母能夠引導子女充滿信心地發揮自己的能力。

9. **「享受當下。」**：有錢人會教導子女不要一味追求未來而犧牲現在。他們深知，只有充分享受當下並活得有意義，才能真正實現美好的未來。

10. **「成為對世界有貢獻的人。」**：有錢人會教導子女，不要只為自己而活，而是要成為能為世界帶來積極影響的人。他們還會告訴子女，若想對社會有所貢獻並幫助他人，財富是必須的，因此要為擁有財富而努力。有錢人的教誨是有順序的。

在有錢人的書櫃中領悟到「自信」二字

「依靠自己的人會無所畏懼地前進。如果你相信自己的夢想，就全力以赴地勇敢前進吧，不要在意周圍的聲音。依靠自己的人把為人處事所需的一切都掌握在手中。當你把自己當作朋友時，不論大小問題都能獨自解決。憑藉自己的智力與判斷力，知道如何找到繞過危險道路的巧妙方法，因此不需要依賴任何人的幫助。」

以上內容摘自十七世紀西班牙哲學家兼作家巴爾塔沙·葛拉西安（Baltasar Gracian）的文章，葛拉西安是一位對叔本華與尼采產生深遠影響的哲學家，他留下了無數關於「人生智慧」的語錄，直到四百年後的今天仍被廣泛引用。

人生在世，隨時可能面臨危機時刻。葛拉西安說，最危險的並非危機本身，而是面對危機時，失去自我信任、喪失自信。以下我將介紹與「財富和成功的原則」相通的葛拉西安的人生智慧。

1. **自信與獨立**：成功是靠自己爭取的。人們應該自己設定目標，並為了實現目標付出努力，而非依賴他人的意見或幫助。葛拉西安說：「依靠自己的人會無所畏懼地前進。」這句話強調了自信與獨立。成功人士不會被周圍的視線或批評所動搖，他們相信自己的判斷，不受他人意見左右，堅定地向自己的夢想邁進。

2. **責任感與自律**：成功人士對自己的生活，以及自己取得的成就抱有責任感。他們為自己的行動和決定負責，並具備自行解決問題的能力。葛拉西安說：「依靠自己的人把為人處事所需的一切都掌握在手中。」對他們而言，最好的朋友就是自己。無論遇到什麼問題，他們都會從自己身上尋找出最明智的答案。

3. **領導能力與判斷力**：成功人士勇於承擔風險，並積極尋找新的機會。有時候，我們需要正面迎接危險；有時候，我們則需要繞過障礙尋找另一條路。選擇哪種方法，必須根據自己的所學和經驗來判斷。

隨著歲月流逝，那些歷久彌新的智慧之聲會愈發閃耀，希望各位能在生活中偶爾回頭反思，傾耳聆聽。

最具影響力的閱讀部落客——比爾・蓋茲

微軟創辦人兼全球知名慈善家比爾・蓋茲以進行超越單純捐錢的慈善活動而聞名。此外，他還透過官方部落格「GatesNotes」分享自己的閱讀經驗和想法，並藉由閱讀展現自己看待世界的深度視角。他每年閱讀約五十本書，並在部落格上介紹其中一部分，除了分享對書籍的感想外，他還提供作家專訪、閱讀技巧等各式各樣的內容，並與讀者進行互動討論。比爾・蓋茲的這種嘗試促進了全球閱讀社群的形成，並為推廣健康的閱讀文化做出了貢獻。

比爾・蓋茲喜歡閱讀的書籍涵蓋科學、技術、歷史、政治和經濟等多種領域，但他對人文領域特別感興趣。他透過人文學來瞭解人類的本質、社會、文化和歷史等，並努力拓寬自己看待世界的視角。

以下介紹幾本比爾・蓋茲提過的人文書籍。

《人類大歷史》（*Sapiens*）：尤瓦爾・哈拉瑞[39]所著的一本書，生動地描繪了人類的進化與歷史。比爾・蓋茲表示，他從這本書中獲得了關於人類本質與未來的全新見解。

《人類大命運》（*Homo Deus*）：歷史學家尤瓦爾・哈拉瑞的另一部重要著作，探討人工智能和技術發展對人類社會的影響。比爾・蓋茲表示，這本書讓他對人工智能時代既提高了警惕，也燃起了希望。

《真確》（*FACTFULNESS*）：由漢斯・羅斯林[40]所著，透過統計與數據展現世界實際的進步情況。比爾・蓋茲在介紹這本書時，強調以積極視角看待世界的重要性。

《第六次大滅絕》（*The Sixth Extinction*）：這本書聚焦於地球上正在發生的第六次大規模滅絕事件。比爾・蓋茲在介紹這本書時，強調了對環境問題提高警惕的必要性。

39 Yuval Noah Harari，一九七六～，以色列歷史學家。

40 Hans Rosling，一九四八～二〇一七，卡羅琳斯卡學院的國際衛生學教授，並擔任 Gapminder 基金會董事長。

比爾．蓋茲透過閱讀來瞭解世界，並基於此分享自己的想法，提出新的視角，持續努力改變世界。根據他的說法，偉大的閱讀一定會先於世界的變化。他是這麼說的：

「閱讀為我帶來新的想法與靈感。此外，閱讀還幫助我從他人的觀點來看待世界。」

比爾．蓋茲透過書籍和閱讀與世界溝通，其影響力或許超越了他所實踐的任何慈善活動，更為廣泛且深遠。

能夠窺探有錢人時間觀的物理學書

有錢人的時間觀

世上有錢人的一個共同點，或許就是他們深信班傑明．富蘭克林[41]的那句名言：「時間就是金錢。」也許，他們甚至把時間看得比金錢還要重要。比爾．蓋茲認為，「時間」並非絕對或定量，而是相對的，因此對每個人而言都具有獨特的價值。比爾．蓋茲從一位義大利物理學家兼哲學家卡羅．羅維理（Carlo Rovelli）身上學習時間並付諸實踐。在法國馬賽大學任教的理論物理學家卡羅．羅維理是引領量子重力理論研究的宇宙學大師，他所著的《七堂極簡物理課》（*SETTE BREVI LEZIONI DI FISICA*）、《現實不是你所看到的》（*Reality Is Not*

41 Benjamin Franklin，一七〇六～一七九〇，美國開國元勛之一，同時也是政治家、外交家、科學家、發明家，以及出版商、印刷商、記者、作家、慈善家、共濟會成員。

What It Seems）和《時間的秩序》（*L'ordine del tempo*）都深受大眾喜愛。

量子重力理論，尤其是他主張的迴圈量子重力理論，雖然內容相當艱深，但由於他親近大眾、既優雅又親切的文筆，讓讀者能夠輕鬆地理解。他借用馬丁·海德格[42]、埃德蒙德·胡塞爾[43]的哲學，以及馬塞爾·普魯斯特[44]的小說，還有巴哈[45]的清唱劇、貝多芬[46]的彌撒曲等例子，將時間的概念透過解釋、比喻與引用，表達得淺顯易懂。由此可見，似乎沒有比時間更具有融合性和跨領域特質的主題了。

時間只存在於大腦中

在《時間的秩序》這本書中，卡羅·羅維理全面否定了過去－現在－未來的傳統時間觀。他解釋稱，那只不過是人類的感覺，從宇宙的角度來看，時間沒有順序、秩序或流動性。時間僅僅是物質所產生的事件之間的關係，他提出的理論認為，這個世界上沒有時間，只有事件。這與其他哲學書對過去和未來的否定、以及只認為現在才是真實的觀點相互衝突。因為卡羅·羅維理的理論不僅否定過去和未來，甚至連現在也予以否定。

根據他的說法，時間是極為複雜的現實的近似值，現在並不是全球性的，而是具有地區性的。他表示，即使是透過鏡子看自己的臉，也會產生約十億分之一秒的時差。如果把這個概念延伸到宇宙層面，那麼現在會顯得更加陌生。當我們看到距離一百光年外的星星時，就是在現在看到了那顆星星一百年前的樣子。現在和現在相遇的可能性，在擴展至宇宙後永遠消失。

時間不僅是物理學，也是人文學主題的原因在於它與「感覺」緊密相關。羅維理指出，大腦是引起時間錯覺的罪魁禍首。他表示，「大腦是一個收集過去記憶並持續預測未來的機制」、「時間只存在於大腦中」，根據他的說法，時間本

42 Martin Heidegger，一八八九～一九七六，德國哲學家，代表作有《存在與時間》、《形上學導論》等。

43 Edmund Husserl，一八五九～一九三八，德國哲學家，現象學創立者。

44 Marcel Proust，一八七一～一九二二，法國意識流作家，代表作為《追憶似水年華》。

45 Johann Sebastian Bach，一六八五～一七五〇，德意志作曲家及管風琴、大鍵琴、小提琴演奏家，也是巴洛克音樂的集大成者。

46 Ludwig van Beethoven，一七七〇～一八二七，德意志作曲家、鋼琴演奏家。

質上是擁有由記憶和預測組成的大腦的人類，與世界互動的形式，也是人類身分認同的來源，因此時間只能是物理和精神上的概念。

馬克・祖克柏在這本書中讀到了什麼？

如果沒有時間，因果關係不也會消失嗎？對此，作者引入了熵[47]的概念來代替時間。他主張，共同起因存在於過去，但這只是過去熵較低的一個跡象而已，而人們卻將熵的增加誤解為時間的流逝。雖然時間可能並不存在，但只要宇宙存在，熱力學第二定律[48]就會永遠存在。

還有一個疑問。如果沒有時間，世界會不會變得混亂？答案是並不會。時間的缺失並不代表一切就會凍結，變得無法動彈。世界不停變化，事件之間的關係也有明確的結構，所以並不會變得混亂；然而，認知上的混亂似乎無法避免。他的時間觀給人一種東方，尤其是佛教的感覺。書中探究了他的一句話：

「我們渴望永垂不朽，卻因時間的流逝而感到痛苦。時間就是痛苦。」

這與佛陀的教誨一脈相通，即，時間代表生老病死，其本質只能是痛苦。

事實上，死亡被視為是時間的盡頭，但作者驚訝地發現，他並不害怕死亡。他引用巴哈的BWV50清唱劇，將死亡形容為幫我閉上雙眼、撫摸我頭髮的溫柔姊妹。換句話說，對於死亡的恐懼其實是進化的錯誤。他這麼說：

「我仍然感到幸福，因為我擁有這樣的視角，能夠舉起金杯回望世界。我希望在感受到『每天都很充實』後，帶著微笑結束這短暫的人生循環。」

如果天使降臨並說「時機到了」，他不會多問理由，只會微笑跟隨，從這句話中可以看出他對時間和生活的獨特境界。

讀過這本書的執行長包括創建了Facebook，現在致力於構建元宇宙[49]生態系統的馬克．祖克柏。祖克柏藉由這本書意識到了人生的有限性，並產生了應該讓人生變得更有意義的想法。

47 熵（ㄕㄤ，entropy）一種測量在動力學方面不能做功的能量總數，也就是當總體的熵增加，其作功能力也下降，熵的量度正是能量退化的指標。

48 熱力學第二定律說明一連串的平衡狀態是不可逆的，例如融化的冰塊不可能自動復原成冰，除非你將它放回冰箱，而且要消耗能量才能結冰。

49 Metaverse，或稱為後設宇宙、形上宇宙、元界、魅他域、超感空間、虛空間，是一個聚焦於社交連結的3D虛擬世界之網路。

最後，羅維理在他的書中提到了時間旅行的可能性。在特定的條件下，時間旅行是有可能的，因此我們或許可以懷抱一絲期待。實際上，許多成功人士和躋身財富行列的人現在都在時間旅行——他們的時光機就是書籍。他們在書中回顧過去，並預見未來；他們比任何人都清楚，透過這樣的經驗不僅能夠讓錢包更豐盈，還能提升生活的質量。

有錢人在不景氣時也不會減少對藝術品的投資

任何時期都不受衝擊的理財手段

二〇二二年，從比特幣開始，再到美國股市、韓國股市、債券，最後是房地產，整年都像是坐上了開往地獄的列車。幾乎所有理財方式在那一年都遇上了最糟糕的狀況，然而有一種理財手段不受衝擊，那就是藝術品市場。事實上，這並不只限於二〇二二年，不論是國內還是國外媒體，都未曾出現過畫作價格暴跌的報導。

二〇二一年以最高價出售的畫作是畢卡索[50]的作品《坐在窗邊的女子》，價值一億三千四百萬美元。一九九七年的交易價格為六百八十萬美元，也就是說，

50 Pablo Picasso，一八八一～一九七三，西班牙畫家、雕塑家、版畫家、舞台設計師、作家，和喬治・布拉克同為立體主義的創始者，是二十世紀現代藝術的代表人物之一。

這幅畫在二十五年內漲了至少十五倍。然而，二〇二二年上半年最昂貴的畫作是安迪·沃荷[51]的瑪麗蓮肖像畫，售價為一億九千五百萬美元，這是佳士得拍賣史上的最高價，僅次於達文西[52]的《救世主》。此外，佳士得[53]還公布了上半年達到四十一億美元的銷售額，創下自二〇一五年以來的第二高紀錄。

也就是說，即便在俄烏戰爭[54]看似吸乾了全世界所有資金的時期，世界富豪們仍在不斷購買畫作。這個趨勢也持續到了二〇二三年。儘管習近平[55]加強獨裁導致中國市場萎縮，整體成長率下降，但整體依然上漲了3%。

韓國也不例外。根據統計，二〇二二年上半年韓國國內藝術市場規模為五千三百二十九億韓元，而在二〇二二年和二〇二三年突破了一兆韓元。藝術品拍賣公司 K-Auction 今年上半年的銷售額為一百九十二億韓元，營業利潤為五十九億韓元。銷售額比去年成長了33.3%。二〇二三年九月舉辦的韓國國內藝術博覽會「Frieze Seoul」現場，吸引了以MZ世代[56]投資者為主的大批人潮蜂擁而至。畫作投資被認為是奢華投資的頂峰，也是如珠寶般安全的投資手段，或許就是這種想法推動了這個風潮。

有錢人為什麼投資畫作？

有錢人為什麼投資畫作？最大的原因是，畫作是將資本主義最青睞的、能最大化稀缺性的投資手段。首先，畫作是需求旺盛但供應有限的財物；而且美術是所有藝術中收藏價值最高的領域，它就像ＢＴＳ[57]的音樂一樣，無法無限生產。沃荷、巴斯奇亞[58]、梵谷[59]、畢卡索和達文西都無法再作畫，但這不代表他們的知名度受損或在美術界的知名度下降。

51 Andy Warhol，一九二八～一九八七，美國藝術家、印刷家、電影攝影師，是視覺藝術運動普普藝術的開創者之一。
52 Leonardo da Vinci，一四五二～一五一九，義大利文藝復興時期的博學者，以及人文主義的代表人物。
53 Christie's，一家擁有二百五十年歷史的英國藝術品及奢侈品拍賣行，於一七六六年由詹姆士・佳士得創立。
54 二〇二二年二月二十四日，在經歷了時長約一年的軍事危機後，俄羅斯對烏克蘭發動全面入侵，標誌著始於二〇一四年起俄烏戰爭的重大升級，此次入侵也是自第二次世界大戰以來，發生在歐洲大陸的最大規模的戰爭之一。
55 一九五三～，中國共產黨和中華人民共和國政治人物，現任正國級領導人。
56 Generation MZ，是韓國的一個新造詞，代表千禧一代和Z世代。
57 防彈少年團，一支成立於二〇一〇年的韓國男子音樂團體，由 Jin、SUGA、j-hope、RM、Jimin、V、Jung Kook 共七名成員組成。
58 Jean-Michel Basquiat，一九六〇～一九八八，美國表現主義藝術家。
59 Vincent van Gogh，一八五三～一八九〇，荷蘭後印象派畫家。

因此，如果某位作家看起來在去世後必定會變得更加有名，那麼在他生前購買其作品，絕對不會虧本。挑選藝術品的能力也與展望未來的能力一致，有錢人比誰都還會預測未來。尤其是著名作家晚年創作的作品，未來價格很有可能會暴漲。

他們投資畫作的另一個原因是，畫作不像比特幣和股票那樣波動性高。波動性，換句話說就是下跌的風險，無論價格上漲多少，如果在過程中波動劇烈，人們往往會失去平常心。然而，有錢人購買的畫作通常不會頻繁投放到市場上，很多人買畫都是打算終身收藏。心理上穩定的投資不會擾亂市場，也就是說，不受群眾心理影響的藝術市場可以說是唯一一個只漲不跌的投資手段。

推動藝術市場的是故事，而能夠創作故事的人，正是那些擁有昂貴畫作的收藏家。藝術是能夠戰勝有錢人掌握霸權的群眾心理的領域。推動藝術市場的主體包括藝術博覽會、拍賣市場，以及在這些背後活動的拉里．加戈西安[60]等藝術經銷商。最近，女性有色人種作家、四十歲以下作家的畫作之所以高價售出，也是因為擁有這些畫作的人希望形成這樣的主題。

在藝術市場上，人們完全不用擔心因價格在一夕之間暴跌而失去全部的財產。擁有藝術品，也不需要像房地產一樣繳納稅金，繼承給子女時也比其他投資手段更加有利，這也是有錢人偏好藝術投資的原因之一。雖然ＡＩ正快速地侵入人類的領域，甚至在藝術創作大賽中獲得大獎，成為藝術品市場的一大風險，但即使ＡＩ模仿得再完美，只要有真品認證技術——如ＮＦＴ存在，對於ＡＩ會導致藝術品市場價格暴跌的擔憂，實際上可以說是杞人憂天。被認為理財感覺最敏銳的ＭＺ世代熱衷於藝術品投資，自有其原因。

60 Larry Gagosian，亞美尼亞裔美國藝術品經銷商，擁有高古軒（Gagosian）連鎖畫廊，因舉辦博物館級當代藝術展覽而享有盛譽。

PART

2

有錢人在哲學中尋找投資武器

有錢人將哲學當作生活武器

一本擄獲韓國人心的哲學書

山口周[61]的《哲學是職場上最有效的武器》（武器になる哲学）是難得一見登上綜合暢銷書排行榜第一名的哲學書籍。如果我沒記錯的話，這是繼很久以前的《姜信柱[62]的感情課》（강신주의 감정수업），還有比這更早的魏基喆[63]作者的「邏輯系列」之後，哲學書首次登上綜合排名第一。此外，我記得上述兩本書都是韓國作者的作品，而翻譯書登上第一名更是前所未有的事情。這本書為什麼這麼受歡迎？原因在於這本書並不是針對注重邏輯思考或思考能力的兒童和青少年，而

61 一九七〇～，世界知名獵人頭企業公司 KORN FERRY 資深合夥人。
62 강신주，一九六七～，致力將哲學與生活作串連的韓國人文社會科學作家。
63 위기철，一九六一～，韓國延世大學法文系畢業，人文社會科學作家。

是針對成人。

首先，作者的經歷很特別。他在慶應大學主修哲學，並攻讀了美學碩士課程。隨後，他進入廣告公司，並累積了扎實的管理顧問經驗。在日本，理工科背景的人較容易就業，也更受企業青睞，但他是一位有深厚人文學背景的知識分子，也是有實際經濟與管理經驗的特別例子。

當然，正如作者自己所承認的，這本書與其說是一本正統的哲學書，不如說是一本包裹著糖衣的通識哲學書。它針對成人，特別是男性讀者，準確地掌握了他們想要和需要什麼，並將自己的答案悄悄地融入哲學、心理學和文化人類學等學問中，盡量簡單明瞭地傳遞給讀者。

從這本書的目錄中，可以明顯看出它是一本融合人文學的自我成長類書籍，其定位十分清晰。可以說，這本書是自我成長書與哲學書的結合體。這本書的目標讀者和市場都很明確，書的定位與讀者的需求契合，因此反應自然熱烈。尤其是韓國，由於企業文化和經濟結構與日本相似，因此本書也能直接打動韓國讀者的心。

哲學與經營學吻合的瞬間

這本書成為暢銷書的另一個原因是極高的可讀性，非常容易閱讀。能夠以哲學為背景，將處世和自我成長的故事說得如此簡單易懂，取決於作者卓越的能力。更重要的是，作者提出的哲學理論和經營實例巧妙吻合，令人讚嘆不已，例如：

《內在動機》（*Why We Do what We Do*）的作者兼社會心理學家愛德華·L·德西（Edward L. Deci）指出，「預期報酬」實際上會降低成果，並對人類的創造力下了一個定義：

「人類在發揮創造力時，鞭笞並沒有效果，只有允許自由挑戰的風氣才是必需的。」

人們在自由的風氣中冒險，既不是因為想獲得好處，也不是因為害怕鞭笞，而是因為他們只是想那麼做。因此，這本書強調，自發性是創造力的必要前提。同時，書中還批判了日本企業文化中一旦被貼上「失敗者」的標籤，就很難在公司和社會上立足的現象。

無論是哲學書還是自我成長書，重要的是讀者能產生多大的共鳴。在這方面，這本書不僅透過微觀的事例，還藉由哲學這個宏觀的視角，引導讀者充分對作者傳達的訊息產生共鳴。

被不確定性所吸引的人類本性

作者將史金納[64]的「強化理論」（reinforcement）與人類容易被賭博等不確定事物吸引的本性聯繫起來。當然，並不是所有人都喜歡賭博。那麼社交媒體呢？大概很少有人不喜歡自己上傳的文章或照片被「按讚」。在無法預測人們反應的情況下，如果「讚」數增加，大多數人都會感受到多巴胺[65]的分泌。許多人沉迷於社交媒體的原因就在於此。正如史金納所說，「無法預測的不確定性」具有難以抗拒的魅力。

本書還探討了卡爾・馬克思[66]的「異化」（alienation）概念，並將其與會計連結起來解釋。作者指出，如果試圖透過規則或系統來控制人，必然會發生異化。因此，如果制定規則並試圖從外部進行監督，那麼財務造假將永遠無法徹底根除。

作者主張，透過自主的理念和價值觀來追求值得推崇的行為才是防止異化的方法。

我個人最喜歡的部分是將蘇格拉底與無知、已知聯繫起來的部分。「如果不曾感受到心跳加速，就稱不上真正的知道」，這句話似乎在探討人類活著的理由。在踏入未知的領域，並將其轉變為已知領域的過程中，人們獲得的快樂不就是活下去的原動力之一嗎？

哲學投資者的力量

這本書之所以深受許多讀者的喜愛，就是因為它探討了生活中具有的哲學性。哲學生活與追求財富的生活並沒有太大的區別。無論是透過親身經歷，還是從書

64 Burrhus Frederic Skinner，一九〇四～一九九〇，美國心理學家、行為學家、作家、發明家、社會學者，也是新行為主義理論的代表學者。

65 dopamine，一種大腦神經的傳導物質，最重要的功能是讓大腦產生「獎勵機制」，也就是當做了某件事會感到快樂，研究證實運動、食物都能促進多巴胺分泌。

66 Karl Heinrich Marx，一八一八～一八八三，哲學家、政治經濟學家、社會學家、革命理論家、歷史學者，馬克思主義的主要創始人。

中獲得他人的經驗，那些從中尋找可以應用於生活的武器的人們，往往能成長並取得成功。

波克夏·海瑟威副董事長查理·蒙格就是這樣的人，他閱讀了包括康德在內的大量哲學書籍。他將康德哲學的核心價值——客觀思考、理性思考和倫理責任等應用到投資哲學中，從而創造了年均19.2%的驚人投資結果。康德的哲學為蒙格提供了投資判斷的標準、批判性思考能力和長遠觀點，同時還塑造了他應該抱持倫理責任感進行投資的投資哲學。

實際上，蒙格把自己的成功歸功於兩個人。一位是既是朋友又是上司的巴菲特，另一位則是康德。蒙格閱讀康德的哲學，試著冷靜、客觀和理性地看待事物，並考慮到倫理在投資中的重要性。從這一點來看，他可以說是一位哲學投資者。

韓國股市中為什麼特別多「柏拉圖式」分析師

韓國的分析師為什麼不寫賣出報告？

進行股票投資時，投資者必然會接觸到一種報告。那就是分析相關行業和所屬企業的證券公司員工，即分析師們寫的報告。這些報告是開始學習感興趣的行業時最好的閱讀資料。因為該行業的分析師不僅有很多是該行業的專業人士，還與公司保持緊密的關係，有機會可以獲得高級情報。

那麼，我們該如何查看分析師的報告呢？我們可以在自己加入的證券公司HTS[67]中找到，也可以在韓經管理的「共識網站」上（consensus.hankyung.

67 「HTS・快易點」原名HTS，為韓國交易市場普遍採用之HTS（Home Trading System）系統。

com）免費看到其他證券公司分析師寫的報告。

分析師的報告目標是，基於企業和行業的財務報表和各種新聞，為投資者提供適當的股價，即所謂的目標股價。事實上，韓國分析師在投資者中的信任度較低。有人批評稱，他們的報告和在 YouTube 等上面的評論都更像是站在企業立場上稱讚企業、為其宣傳，並說明為什麼要投資該企業。

最重要的是，沒有一位分析師會寫告知賣出企業股票時機的賣出報告。如果股票像二〇二〇年一樣不斷上漲，也許還不好說，但即便股價像二〇二一年一樣下跌或停滯不前時，分析師們也絕對不會提出賣出的建議。他們辯解稱，「如果寫賣出報告，投資該企業的個人投資者會勃然大怒。」、「韓國不像美國那樣做空[68]交易活躍，所以很難提議賣出。」實際上，美國的分析師們需要為其預測結果負責，而且這會影響自己的年薪，因此他們不僅談論買入，還會積極提出中立、持有和賣出等建議，所以人們對他們的信任度自然很高。我認為，韓國股市若想躋身發達國家之列，克服分析師的低信任度是必須解決的課題之一。

從柏拉圖的理型論看待目標股價的本質

精通該領域並熟悉技術波及效應的分析師為何會受到批評，可以透過與「柏拉圖的理型論」（theory of forms）聯繫並進行反向推測來理解。

柏拉圖的哲學建立在實體與現象二分法的世界之上，例如信奉理型論的人，在談到熱愛的美麗事物時，並不會聯想到具體的美女或美麗的畫作。在這個情況下，聯想到達文西的《蒙娜麗莎》的人，絕對不是以柏拉圖的方式進行思考。

在柏拉圖式的思考中，人們思考並熱愛美本身或絕對的美。這種美並不存在於世界上，而是存在於天堂某處的虛構之美。可以說，那是完全符合美的條件的完美之美。柏拉圖認為，存在於天上世界的理型論之美比現實中常見的日常之美更有價值。

68 short selling，一種試圖從公司股價下跌中獲利的交易方式。

韓國分析師的視角似乎更接近柏拉圖。雖然目前股價表現平平且呈下跌趨勢，但另有一個揭示企業真正本質的股價，即所謂目標股價，這可以說是「股價的理型」。因此不難理解分析師提出的目標股價為何總是高於實際股價。

然而，柏拉圖的理型論另一方面受到了以下批評。首先，柏拉圖的老師蘇格拉底曾說「理型論只不過是一種可能性」，這句話形同間接批評了他的學生。此外，人們也在不斷詢問：「如何了解理型？」即便理型存在，如果它存在於天上世界而非現實，那我們該如何辨識它？而且，在相當於「神的領域」的理型中，我們如何辨識現實中的虛偽理型呢？這些疑問接踵而至。

DS資產運用的基金經理李翰永（音譯，이한영）建議，在投資股票時，最好不要選擇令人猶豫不決的企業股票。也就是說，與其假設企業最理想的情況展開爭論，不如將目光轉向現實。這也許是值得股市上許多柏拉圖們思考的事情。

從亞里斯多德的中庸之道解讀ETF的力量

從投資者的觀點來看亞里斯多德

有一句話說：「所有西方哲學只不過是柏拉圖的注腳而已。」那麼，除了哲學以外，西方所有學問的根源與鼻祖，也許就是亞里斯多德。亞里斯多德涉略政治學、邏輯學、生物學、倫理學和天體物理學等文科和理科，是當代擁有最多知識的通識家。從對後世的影響來看，東西方再也沒有任何學者能與之媲美。

從投資者觀點來看亞里斯多德時，應該關注的概念就是「中庸」。中庸也是東方所熟悉的概念，孔子提出的君子德行正是中庸。人們通常認為，中庸是指適當地保持在兩者之間的中間立場，但亞里斯多德的中庸之道簡單來說，就是「尊重常識」。

中庸的概念出現在《尼各馬科倫理學》（*The Nicomachean Ethics*）中，這是亞里斯多德在與他的兒子對話時提到的觀點。雖然亞里斯多德也像他的老師柏拉圖一樣討論形而上學，但相比之下，他的觀點確實較不神秘，也較無宗教性質。根據亞里斯多德的說法，極端並不好。例如，將全部投入到單一股票上，或將全部財產都投資在房地產上，這些行為在亞里斯多德看來都並不正確。亞里斯多德認為的中庸如下。「勇氣」是在軟弱和愚勇之間的中庸；「寬容」是在浪費和吝嗇之間的中庸；「謙虛」則是羞怯和無恥之間的中庸。

然而，也有批評指出，即便是偉大的亞里斯多德，在哲學上也並不完美。具體而言，有人主張，中庸與他所認為的最佳道德（讓邁可・桑德爾[69]著迷的那個概念）背道而馳。因此，支持亞里斯多德的學者們表示，他在理智上主張了最佳道德，而在實踐中則運用了中庸。從某種角度來看，他就像他的老師柏拉圖一樣，也是一位二元論者。

亞里斯多德會採取什麼樣的投資策略？

如果比柏拉圖更現實的亞里斯多德出生在當今時代，並成為投資者的話，他會推薦採取什麼樣的投資策略呢？如果要回答這個有趣的問題，他大概會投資在指數基數或ETF[70]，而非投資在某些特定的股票。

我在前作《向超級富豪學習金錢知識》（슈퍼리치들에게 배우는 돈 공부，二〇二〇）中建議，越是股票新手，就越應該投資ETF，尤其是想要投資美國股票的個人投資者。ETF有兩種。「被動型ETF」是指按照比例購買指數中包含的股票，例如：韓國的KOSPI指數、美國的納斯達克指數、標普500指數等。與此相比，「主動型ETF」則可以選擇特定行業。

事實上，不僅是新手投資者，就連實力派人士也很難超越市場的平均收益率。

69 Michael Sandel，一九五三～，美國著名政治哲學家，哈佛大學教授，主要研究正義、道德與政治哲學。他的作品《正義：一場思辨之旅》探討了道德與社會公平問題，並常引用亞里斯多德的思想。

70 Exchange Traded Fund，指數股票型基金，藉由追蹤市場主要指數，降低集中投資某家企業的風險，是由投信公司所發行的投資標的。

在美國許多優秀的基金經理中，超越市場平均收益率——標普500指數的比例在當年僅為15%，像彼得・林區[71]這樣在十三年內超越十一次是一個極其罕見的例子。大部分基金經理的收益率與隨便交給猴子管理時沒什麼差別，這反證了股票投資既是未來不確定性的領域，也是反映許多人心理的領域，因此很難預測。

在牛市中，好像每個人都能賺到錢。然而，一旦進入熊市，人們就會覺得彷彿世界毀滅，陷入恐慌，而低價拋售股票。因此，就算賺的時候少賺一點，也應該借助平均收益的力量，在虧損時將損失降到最低，這種ETF投資其實不僅是新手，也是除了高手以外，幾乎所有投資者都需要的投資方法。

展現出ETF威力的例子

ETF並非最保守的投資方式，還有在股票下跌時下注的反向ETF，它的作用類似於在做空或在價格低時進行高價賣出的賣權[72]。此外，還有將自己投資的本金增加兩倍、三倍的（當然，應該考慮到資產也可能按相同比例縮水）槓桿ETF（當股價下降1%，就會獲得兩倍收益，即2%的ETF，被稱為雙倍反向ＥＴＦ）。

有許多例子能夠充分證明ＥＴＦ的威力。二〇二四年六月，輝達[73]突破每股一千一百美元，進行了將一股分成十股的股票分割。然而，在投資輝達的人當中，有不少人同時投資了IonQ[74]等量子計算公司，將投資組合分割成ＩＡ[75]半導體和量子計算。當時IonQ股價不斷下跌，因此投資者看似損失慘重，但如果他們分散投資輝達，那麼整體收益率依然會很高。

像這樣集中投資少數股票的策略，可能較有風險。因此，投資於行業而非企業的人會購買ＥＴＦ。例如，ＱＱＱ ＥＴＦ[76]，每天按照總市值比例購買納斯

71 Peter Lynch，一九四四～，美國投資管理公司的基金經理人，現為富達投資管理公司（Fidelity Investments）的副主席。
72 Put Option，在約定期間內，執行出售特定數量標的物之權利。
73 NVIDIA，創立於一九九三年，是美國一家以設計和銷售圖形處理器為主的無廠半導體公司。
74 一家以離子阱（Ion trap）技術為核心的量子電腦開發公司，創立於二〇一五年。
75 Intelligence Amplification，擴增智慧，又被稱為智慧放大。與傳統的人工智慧不同，傳統的ＡＩ常著重於自動化任務，而擴增智慧則專注於通過從複雜數據中萃取洞察，來幫助人們做出更明智、更有效率的決策。
76 ＱＱＱ是全球第五大ＥＴＦ，投資產業以科技股為主。

達克排名前一百的股票。此時由於風險被分散，因此截至二〇二四年五月，獲得了超過17%的收益率。當然，這比將所有錢投資到輝達單一股票的收益率要低，但它可以抵銷有負收益率的股票，從而在整體上提高一定水準的收益率，這就是ETF的秘訣。亞里斯多德所說的「尊重常識」的中庸，就是投資原則所必需具備的品德。

從孔子的教誨中聯想到基礎設施投資的重要性

用頭腦思考的哲學，用身體實踐的哲學

東方哲學與西方哲學有什麼不同呢？最大的差異也許在於，西方哲學主要傾向於動腦，而東方哲學則作為一種自我修養手段，強調身體的全面參與。儒教的哲學以仁與禮（行為的適當性）為代表。

孔子將仁視為人類最基本的特性，並用來表示道德素質。仁是一個關係性概念。從漢字的結構來看，左側是「人」字，右側是「兩個一」字。也就是說，在兩人以上的人際關係中，所需要的品德就是「仁」。如果延伸至社會，仁則可能超越人性，甚至擴展到博愛。

相較之下，禮是判斷行為適當性的標準。禮就是具有自我修養的人的態度。

孔子的代表作《論語．為政篇》中的對話如下。

「道之以政，齊之以刑，民免而無恥；道之以德，齊之以禮，有恥且格。」（如果用政令來統治，用刑罰來維持秩序，百姓即使會逃避處罰，也不會感到羞恥。若以德治民，以禮維持秩序，百姓就會感到羞恥，進而自我管理。）」

在這段話中，禮作為限制行為的手段，代替了刑罰。在仁和禮之間，孔子優先重視什麼呢？孔子的弟子中，子游和子夏更強調禮的重要性。曾子、子張和孔子最珍愛的弟子顏回更重視仁。《論語》由孔子的弟子們撰寫，透過弟子們的視角有助於理解孔子的哲學。

孔子提出了前面提到的亞里斯多德的「中庸」之道。他的立場是，最根本的素質和幹練的手段必須達到適當的均衡。但如果讓孔子二選一，孔子應該會選擇仁。事實上，孔子曾這樣反問過他的弟子們：

「人而不仁，如禮何？」（一個人如果不仁，守禮又有何用？）

如果孔子遇見拜登

從投資者的觀點來運用孔子的仁與禮，能夠獲得什麼樣的遠見呢？一個很好的例子是，拜登政府在執政時強調的社會基礎設施投資就是符合仁與禮的投資。拜登於二〇二一年十一月簽署了一兆美元基礎設施法案，並評價稱這是為了重建美國的藍圖。

基礎設施法案包括改善自來水設施、擴大寬頻網路、減少化石燃料的使用等。根據CNBC報導，一千一百億美元將用於道路、橋梁等大規模基礎設施規劃，六百六十億美元將用於貨運和包括美國國鐵（Amtrak）在內的鐵路規劃，三百九十億美元將用於大眾交通，六百五十億美元將用於寬頻通訊。同時，還將在氣候修復方面投入五百億美元，在清潔能源和發電設備方面投入六百五十億美元，在全國的電動汽車充電站建設和水質改善等方面，分別投入七十五億美元和五百五十億美元。

《華爾街日報》公布了這些法案的受益股票，如下：

第一個受益股票是寬頻提供者。第二個受益股票則是半導體製造企業。拜登總統曾以中國的威脅為由，強調要加強對半導體領域的投資。相信拜登的話，在三年前投資輝達或SMCI[77]股票的人可能都獲得了將近十倍的收益。

第三個受益股票就是電動汽車製造企業，這就是特斯拉在拜登政府初期發展良好的原因。最後是製藥企業。預防疫情並提升應對新疫情的能力，都是符合「仁」與「禮」的投資。如果孔子來到了二〇二四年的世界，他會不會稱讚美國總統拜登的基礎設施投資呢？或許他還會建議韓國也應該更積極地投資基礎設施。投資也需要正當理由。為了讓人類過上更有尊嚴的生活，社會基礎設施投資無論在哪裡都是必不可少的。

如果你對老子哲學感興趣，就應該投資美國的中小型股

適合道家的投資？

東方哲學源自儒家與道家這兩大根基。通常我們將老子和莊子合稱為道家。如果符合儒家的投資是基礎設施投資，那麼符合道家的投資是什麼呢？我認為，比起投資大企業或美國的FAANG（美國的五大科技企業：Facebook、Amazon、Apple、Netflix和Google的統稱）等大型股，投資中小型股才更像是老子的投資方法。

老子留下了唯一的一本書《道德經》。想要了解老子，首先需要理解「道」。

77 美超微電腦股份有限公司，一九九三年於加州的聖荷西創辦的一間資訊科技公司，主營電腦主機解決方案。

其實，「道」並無法準確定義。道這個概念不僅具有哲學性、宗教性，還帶有自然科學性。在東方的所有概念中，最難看透的就是道，這也是研究東方思想的西方哲學家們的共同苦惱。

道家用「道」這個關鍵詞來解釋世界上所有的道理。作為天地之先，萬物之母與祖先的「道」充滿活力且不斷變化，因此難以把握其實質。實際上，我們在日常生活中也常常使用「道」的概念。正如韓語中人們常說的「道已經開了」（도가 텄다）或「已經成道了」（도인이 다 됐다）一樣，這些表達方式其實是指一個人的技術或能力到達了某種境界。

實際上，我的大學學弟中有一位達到了「股票之道」的境界。他曾經擔任著名證券公司的基金經理，現在從經理轉為個人投資者並賺得了可觀的收益。起初，他一邊研究酒田戰法[78]與日本Ｋ線[79]圖一邊進行投資，但從某個時刻起，他連圖表都不用看，就能準確地投資即將上漲的股票。

小國寡民投資法

老子的另一個核心概念是小國寡民。這展現出老子認為國家越小、人口越少就越理想的國家觀念。如果將「小國寡民」概念應用在投資上，就可以主張中小型股比大型股更好。首爾大學資訊工程系教授、人工智能投資公司 Optus 資產管理公司社長文炳魯（音譯，문병로）教授在自己的著作《*MAVERICK STUDIO*》中，對於一般認為大型股比中小型股更好的觀點正式提出了質疑。

從二〇〇〇年到二〇一二年的韓國市場回測來看，總市值排名前10%的大型股上漲了6%，而總市值排名後10%的中小型股在同一期間上漲了28%。就算對美國股市從一九二六年到二〇〇六年進行回測，也會得到類似的結果。越是中小型股，本益比（PER）[80]和股價淨值比（PBR）[81]越低，收益率越好。股價淨

78 一個原本用於記錄米市行情的工具，逐漸廣泛運用到各種投資商品上。

79 K線是根據股價一天走勢中形成的四個價位，即開盤價、收盤價、最高價、最低價所形成，顯示出市場某段期間的價格變化，包含股票、ETF、期貨、外匯等等商品，在觀察價格走勢時，其實都會使用K線圖。

80 Price to Earning Ratio，在價值投資中常用來評估一家公司的股票是便宜或是昂貴，也用來預測買進該公司股票後的回本時間，同時也是判斷企業股價估值高低與獲利能力的依據。

81 Price-Book Ratio，指公司股票價格是帳面價格的幾倍，可用來判斷一間公司的帳面價值相對其股價的合理性，並作為買賣點的指標。

值比低於1代表公司賣出所有資產並返還給股東仍然有剩，冷門股上漲的機率比熱門股高5％至10％，價格下跌的機率低12％至50％。

這個結果直接違背了發展良好的企業今後會發展得更好的常識和直覺。也就是說，如果想藉由股票賺錢，比起已經上漲、已經很昂貴的企業，應該更仔細地觀察股價低、人們不太關注的企業。

從性善論和性惡論來看ESG

氣候變化風險就是投資風險

二〇二一年成為話題的關鍵詞除了元宇宙和NFT之外，還有ESG。對於在教育領域工作的我而言，強調企業社會責任的ESG格外引人關注。ESG是指比以前的「可持續發展」和「綠色發展」更加溫和的資本主義。ESG包括環境保護（Environment）、社會責任（Social）和公司治理（Governance）。

世界最大的資產管理公司貝萊德（BlackRock）的董事長拉里・芬克（Larry Fink）在年度信函中表示：「氣候變化風險就是投資風險，為了評估這種風險，應該獲取一致且優質的主要公開資訊。」並強調了環境持續性和ESG資訊揭露的重要性。撰寫《我希望你開始學習股票》（나는 당신이 주식 공부를 시작했으면 좋겠습니다）的分析師李孝錫（音譯，이효석）甚至表示，僅僅了解ESG

等級就能帶來額外的收益。

「ESG投資」占貝萊德全部資產管理規模的20～40%。根據全球永續投資聯盟（Global Sustainable Investment Alliance，GSIA）的統計，全球ESG投資規模為四十兆五千億美元，與二〇一八年的三十兆六千八百億美元相比，一年半內增加了31%。如今，企業為了生存以及實現股東期望的利益，絕對不能忽視ESG。三星電子、SK海力士和LG新能源等大型製造企業現在每當決定新的投資時，都會考慮到ESG。

直到現在，反對ESG的企業活動透過消極方式的ESG投資策略進行了管制，但未來將會轉變為只能進行環保投資的積極方式。韓國企業，尤其是薄弱的財閥企業治理結構，必然會成為眾矢之的，因為今後，少數股東的聲音將在表決權中得到更多反映。

惠譽（Fitch）或標普（S&P）等國際信用評級機構會評估並公開企業的ESG等級。目前獲得最高分的企業是微軟。其他企業也會受到刺激，為了得到更高的等級而展開競爭。

資本主義在生存的路上存在一條界線

那麼從人文學的觀點來看，我們可以這樣思考。ＥＳＧ是支持孟子人性本善的性善論，還是支持荀子人性本惡，應該透過法規管制的性惡論？我們還能再換一個問題。是道德的人生活在不道德的社會中而墮落，還是社會透過規範把本來就不道德的人變得道德？

在思考答案之前，或許有必要先對孟子和荀子進行一些補充說明。孟子曾受教於孔子的孫子子思，是孔子之後約第三代的人物。孟子基於孔子的「仁」思想，再加上慈悲的概念，提出了「人性本善」。孟子的說明如下：

「善良是一種人性，因此自然成為人類的本性，也許這將會成為人類獨特的特點。」

荀子是與孟子同時期的儒家學者，是儒家中最誠懇踏實的人物。荀子反駁了孟子關於「即使是壞人，看到走向井口的孩子，也會擔心並想救他」的說法，並以兄弟為了財產互相鬥爭的例子作為證明。無論兄弟之情多麼深厚，從那一刻起，他們都會為了自己的利益而盡力爭鬥。從認為自私是人類本性的這一點來看，荀子與亞當・史密斯[82]的見解相似。也就是說，人類具有天生追求個人利益的傾向，而人類看似善良是經過有意識的努力的結果。

「年幼的孩子也是如此，人們生來就有嫉妒、憎恨的情感。所有人都天生容易沉溺於慾望且貪婪，因此教育是必需的，透過規章制度才能糾正這種情況。」

再回到ESG話題，從世界最大資產管理公司董事長提到ESG這一點來看，現在的資本主義應該是支持性惡論。因為如果人類天生善良，就不會存在這種不平等現象，而且資本主義也不會促使地球陷入氣候危機。

從這一點來看，正如日本馬克思生態主義者齋藤幸平[83]所說，應該將「不可持續」資本主義看作是為了拯救資本主義本身，而自行遏制了資本的貪慾。不管ESG是基於性惡論還是性善論，最重要的是，能為自己帶來財富的投資未來在於ESG企業。對投資者來說，沒有比這更重要的了。

在股票投資中降低失敗率的懷疑論

成功的投資者——笛卡兒

在股票投資中，究竟是提高收益重要，還是避免虧損重要？雖然大多數人會認為是前者，但華倫．巴菲特等投資達人都強調後者更為重要。有人可能會反駁：「那是因他們已經賺了很多錢，所以不需要再賺更多了吧？」然而，即便是對於那些第一次投資股票而滿懷決心一定要賺錢的新手來說，「不虧損的投資」原則也一樣至關重要。

82 Adam Smith，一七二三～一七九〇，十八世紀蘇格蘭哲學家、經濟學家，常被譽為「經濟學之父」，代表作為《道德情操論》和《國富論》。

83 一九八七～，日本哲學家、經濟思想家、馬克思主義研究者，洪堡大學哲學博士，現任東京大學綜合文化研究所教養學部副教授，代表作為《人類世的「資本論」》。

華倫・巴菲特在接受大學生採訪時，被問到自己是否會撿起掉在地上的一美分，他毫不猶豫地回答：「會撿。」他透過這個回答傳達了一個理所當然的訊息——無論金額大小，世上的每一分錢都很重要。

為了避免投資虧損，最需要的就是懷疑論。仔細查看財務報表，徹底分析企業的公告，驗證這個企業是否能夠賺錢，該企業的執行長是否沒有道德危機問題，這些都非常重要。在這一點上，與柏拉圖並列為西方哲學二元論兩大支柱的笛卡兒[84]，其方法懷疑論似乎是投資者必須檢視並深入探討的一個課題。

儘管不為人知，但笛卡兒也是一位成功的投資者。他在父親去世後，賣掉了父親留給他的土地，籌集了現金並進行投資，每年都會獲得六~七千法郎的固定收入。在資本主義尚未正式萌芽之前，他就已經了解透過投資以複利形式保障穩定收入的重要性。

笛卡兒非常膽小，這與他身為方法懷疑論大師的形象非常契合。因此他選擇了穩定、長期成長的生活方式，而非下定決心一次扭轉人生。伯特蘭・羅素[85]解釋說，笛卡兒或許是真心希望能不受干擾地繼續進行他的研究。但更準確的說法是，笛卡兒作為一個思考的存在，他始終都是「懷疑的存在」。

笛卡兒式投資方法

笛卡兒為了完成自己的方法懷疑論，懷疑了所有能夠懷疑的事物。他懷疑自己夜晚穿著睡袍坐在火爐旁的情境，這可能是一場夢，也可能是精神病患的幻覺。有人可能會反問笛卡兒，像數學公式一樣不容懷疑的公理世界是否必然存在，但他可能會回答，說不定某個惡魔會來讓我們相信錯誤的公式是正確的。換句話說，如果一個狡猾又善於欺騙的惡魔迷惑了自己，那麼我們有能力抵擋嗎？

那麼肉體是存在的嗎？哲學家們已經證明，沒有肉體，只透過大腦連接容器，藉由容器來感知事物的可能性並非為零。最終，世間萬物都可以被懷疑，只有一件事是不容懷疑的，那就是：作為思考者的我必然存在。

84 René Descartes，一五九六～一六五〇，法國哲學家、數學家和科學家，最著名的哲學陳述是「我思故我在」（拉丁語：Cogito, ergo sum）。

85 Bertrand Russell，一八七二～一九七〇，英國哲學家、數學家和邏輯學家，致力於哲學的大眾化、普及化，代表作為《西方哲學史》。

如果將笛卡兒的方法懷疑論應用到每一個投資時刻，那麼最終這個世上將找不到任何可以投資的對象，因為沒有企業是完美的。沒有人能準確地告訴你，今天購買的股票、比特幣、NFT或公寓明天是否會升值。

然而，過度的懷疑往往會削弱投資中真正重要的信念。人們應該可以在消除所有懷疑的那一刻做出決定吧？問題在於，當你在苦惱的同時，你的金錢在貶值，而資產的價值正在上升。最重要的是，並不是每個人都像笛卡兒一樣理性，所以對於我們普通人來說，這可能是一個不可能的任務。

當然，在投資之前，至少應該進行最基本的懷疑。我曾在一本NFT投資書籍中讀到以下極為實用的建議，並想在此引用。請一定要問自己：「即使我成為這個作品的最後擁有者，我仍然會選擇擁有這個NFT嗎？」如果答案是「是」，那就值得投資。這個真理不僅適用於NFT，也適用於股票、比特幣、房地產和債券等所有投資。

康德的崇高與NFT美學的連結

為現代NFT奠定基礎的康德

十八世紀工業革命的開端伴隨著英國的經驗論，約翰．洛克[86]、喬治．巴克萊[87]和大衛．休謨等都是代表性的哲學家，但在歐洲大陸，哲學傳統由主觀論的大師延續下來。康德以崇高與美為基礎提出了獨特的美學理論，並為現代NFT提供了基礎，他雖然成長為一名虔誠的基督教徒，但在政治和神學上卻是自由主義者。波克夏．海瑟威副董事長查理．蒙格與《財富人文學》作者布朗斯通之所以是康德的追隨者，都是因為他的自由主義傾向。康德是民主主義的熱烈支持者，此外，他認

86 John Locke，一六三二～一七〇四，英國哲學家，最具影響力的啟蒙哲學家之一，並被廣泛形容為自由主義之父。

87 George Berkeley，一六八五～一七五三，英裔愛爾蘭哲學家，同時為聖公會駐愛爾蘭科克郡克洛因鎮的主教，與約翰．洛克和大衛．休謨被認為是英國近代經驗主義哲學家中的三大代表人物。

為人類可以將自己視為目的主體，從這一點來看，他也可以被稱為一位人權至上主義者。

一提到「康德」，通常就會想到「悟性」、「因果律」、「定言令式」、「先驗認識論」等，其中與ＮＦＴ最相關的就是「美學理論」。康德關於美的思想是透過區分「純粹的美」與「附屬的美」來形成的。我們在日常生活中見到的大多數美屬於人造的、附屬的美。然而康德認為，在體驗到純粹之美的瞬間，我們可以稍微脫離社會的安穩，體悟自我，並暫時擺脫人為的再現而存在於當下。也就是說，我們能夠在那一刻發現真正的自己。

康德認為自然之美優於藝術之美。實際上，許多完美模仿自然的藝術作品之所以引人讚嘆，就是出於這個原因。

ＮＦＴ嚮往的世界也有與康德哲學相似的一面。ＮＦＴ擁有者可能完全出於主觀原因購買，但當ＮＦＴ透過元宇宙向大眾公開時，就能獲得普遍性。最終，元宇宙的ＮＦＴ在引起大眾的熱烈反響時，其價值就會飆升並展現出真正的價值。如果是康德，或許會將人們熱衷購買ＮＦＴ的行為解釋為人類尋求美與自我的本性。

康德的崇高和NFT的美學

法國哲學家沙爾・貝班（Charles Pepin）認為，可以如下反駁康德的美學。

「每個人的品味各不相同。難道所有人對美的看法都完全一致嗎？」

NFT藝術變得越來越像現代美術一樣複雜，現在的NFT追隨者可能會批評康德的美學脫離現實。然而，透過康德的思考方式來想，則可以如此回答：「所有的藝術都希望無論是畫它、擁有它，還是欣賞它的人，能夠心意相通。美的感動是人類能夠達成和睦的時刻。」如果我們將NFT解讀為藝術家嘗試與他人和諧相處所付出的努力，這樣的解讀會不會過於牽強？

然而，NFT和「市場」一樣重要的就是「社群」。在NFT社群中，人們都擁有追求和諧的本能需求。他們支付昂貴的所有權費用，卻不會燃起一己獨享的慾望。雖然自己擁有著如此優秀的作品（這也包括NBA的投籃動作，因此並不一定是指藝術作品）所有權，但他們的態度是願意與網友們分享這些權利。

從這一點來看，NFT與透過藝術作品享受和諧體驗的康德美學基本相似。如果說康德的美感感動和相互溝通就像是密不可分的針與線，那麼NFT所追求的精神也恰恰如此。

康德所說的崇高在NFT美學中代表什麼意思呢？崇高的對象本質上超越了所有形式的限制，從這一點來看，崇高與具有超越性的神或死亡相似。當人類在美與情感上受到深深震撼時，會體驗到一種特殊的愉悅。熱衷於NFT並想要收集NFT的人類本性，或許正是康德所說的崇高的一種體現。

哲學界的超級富豪——叔本華，他所說的慾望和倦怠

一位最富有的悲觀主義哲學家

《正是時候讀叔本華》（마흔에 읽는 쇼펜하우어）為什麼在韓國熱銷呢？叔本華是一位被稱為悲觀主義和厭世主義的哲學家，一度受到忽視。叔本華在德國哲學史上是從康德開始，經由他，再延續到尼采的異端人物。雖然他含著金湯匙出生，但生前幾乎沒有拿過版稅，除了在柏林大學領取的薪水外，他似乎也未曾有過收費演講的機會。

儘管如此，他依然是哲學家中最富有的一位。「人類有無止境的慾望，慾望一旦被滿足就會感到倦怠。」這是叔本華哲學的核心內容，只有同時感受到慾望和倦怠的人，才能真正體會這樣的情感。雖然慾望是每個人都會感受到的，但倦

怠並不同，這是慾望得到滿足後才能感受到的情感。從某方面來看，叔本華含著金湯匙出生，完全不須擔心溫飽問題，在這種情況下，他找不到需要更努力的理由，於是最後轉向了哲學。

據說他父親留下的財產是公司的股份。他父親的公司是貿易業，並擁有但澤（Danzig，位於波蘭和德國之間的自由城市，希特勒[88]就是為了此地侵略波蘭）的黃金地段房地產，在當時是一間大企業。不僅在普魯士，在阿姆斯特丹也設有分公司，因此在當時從與英國激烈爭奪殖民地的荷蘭政府和企業獲得了很多利益。

如果以現在的規模推算，當時的市值估計至少達數億美元。那麼叔本華繼承了多少股份呢？雖然沒有確切多少比例的繼承紀錄，但估計有數千萬美元。由於叔本華沒有出售股份的紀錄，他可能僅靠股息收入就足以安穩地過完一生。叔本華於一八四八年去世，他沒有後代子孫，因此那麼多的財產可能落到了他唯一的親人——比他小九歲的妹妹和姪子們身上。

許多有錢人就像超級富豪叔本華一樣，在實現經濟自由後，為了避免倦怠而開始尋找人生的意義，這也可以說是在守護財富的方式。有些人為了避免倦怠，因此揮霍無度，但在為了守護我所擁有的東西而尋找人生意義的期間，倦怠沒有縫隙可入侵。叔本華所說的「與倦怠的鬥爭」，借齋藤孝[89]的話來說就是「持續力」。叔本華所說的推動世界的本質——意志的力量，可以解釋為守護自己擁有的東西的意志。

88 Adolf Hitler，一八八九～一九四五，德國政治人物，納粹黨領袖。一九三九年九月發動波蘭戰役，導致第二次世界大戰在歐洲爆發。

89 一九六〇～，日本明治大學文學院教授，專攻教育學、身體論、溝通技巧。

如果尼采的「永劫回歸」是正確的，那麼明天的股價早已經確定

吸引了無數追隨者的尼采哲學

目前在韓國最受歡迎的西方哲學家當屬弗里德里希·尼采，沒有一個哲學家像尼采一樣對現代思想產生如此深遠的影響，受他影響的代表人物之一是人類史上臭名昭彰的希特勒。尼采本人雖然不是反猶太主義者，但他的非理性主義確實成為了希特勒的靈感泉源。希特勒一當選總理，就去朝聖了尼采的文獻檔案館。因此，哈佛大學心理學教授史蒂芬·平克（Steven Pinker）稱尼采為「納粹的宮廷哲學家」，並發表了以下挑釁性的言論。

「尼采的思想與二十世紀大屠殺的關係是顯而易見的。他讚揚暴力和權力，致力於破壞自由民主主義制度，蔑視大部分人類，並將人命視如草芥。」

儘管如此，他的哲學還是非常具有魅力。無論東方還是西方，尼采的粉絲數不勝數，僅在有名的小說家和作家中，就包括阿爾貝・卡繆[90]、安德烈・紀德[91]、湯瑪斯・曼[92]、尤金・歐尼爾[93]、威廉・巴特勒・葉慈[94]和蕭伯納[95]等。法國的哲學家米歇爾・傅柯[96]和代表日本的哲學家白取春彥[97]等也包括其中。可以說，以模糊性和相對性為兩大軸心的後現代主義者都是尼采的追隨者。

90 Albert Camus，一九一三～一九六〇，法國小說家、散文家、哲學家、劇作家、記者，荒誕主義的奠基者，於一九五七年獲得諾貝爾文學獎。

91 Andre Gide，一八六九～一九五一，法國作家，一九四七年獲得諾貝爾文學獎。

92 Thomas Mann，一八七五～一九五五，德國作家，一九二九年獲得諾貝爾文學獎。

93 Eugene Gladstone O'Neill，一八八八～一九五三，美國劇作家，一九三六年獲得諾貝爾文學獎，也是唯一一位四次獲得普利茲戲劇獎的劇作家。

94 William Butler Yeats，一八六五～一九三九，愛爾蘭詩人、劇作家、散文作家。

95 George Bernard Shaw，一八五六～一九五〇，英國－愛爾蘭劇作家、評論家、辯論家與左翼政治活動家，倫敦政治經濟學院的聯合創始人，一九二五年獲得諾貝爾文學獎。

96 Michel Foucault，一九二六～一九八四，法國哲學家和思想史學家、社會理論家、語言學家、文學評論家、性學家。他對文學評論及其理論、哲學（尤其在法語國家中）、批評理論、歷史學、科學史（尤其醫學史）、批評教育學和知識社會學有很大的影響。

97 一九五四～，於德國柏林大學就讀期間開始研究哲學、宗教與文學，歸國後出版多本關於哲學與宗教的解說著作及翻譯，代表作為《超譯尼采》。

反覆生成與消滅的永劫回歸

尼采哲學的核心是「超人」、「權力意志」和「永劫回歸」。其中，投資者們必須關注的概念應該是永劫回歸。尼采在《查拉圖斯特拉如是說》中，如此描述永劫回歸：

「哦，人類！你的一生就像沙漏一樣，被反覆倒轉和重置，無數次循環直到終結——直到你生成的一切條件在世界的循環中再次相遇為止……在人類存在的整個生命鏈條中，總會有一個瞬間浮現這樣的想法：最初只有一個人想到，隨後越來越多人，最終所有人都意識到萬物的永劫回歸。對於人類來說，這一刻每次都是正午時分。」

永劫回歸是瑣羅亞斯德教[98]所說的宇宙真理，這個宇宙和宇宙的所有生命在生成和消滅的過程中，不斷重複著所有事情，過著無限反覆的人生。根據佛教中所說的前世概念，一個靈魂的實體雖然會更換軀體輪迴轉生，但每次出生時過著完全不同的生活（然而因業力的影響，現世受到前世累積業報的制約），然而在永劫回歸中，一切事物都會以同樣的方式不斷重複。一個重要的事實是，沒有人意識到這一點，也沒有自由意志的介入，發生過的事情會無限反覆，再次發生。

在二〇二一年最受歡迎的哲學書《蘇格拉底哲學特快車》（*The Socrates Express*）中，作者艾瑞克・魏納（Eric Weiner）向十三歲女兒索尼婭（Sonya）解釋了尼采的永劫回歸概念。索尼婭給出了以下一針見血的回答：

「這說法簡直像個社會病態者的想法。你想想看，如果我的命運是悲慘地被連環殺手用斧頭殺害，而這種命運還要無限反覆，那麼即使生命中的某些時刻再快樂，也無法撫慰我那悲慘的死亡。」

必然反覆的資本主義歷史

沒人知道是永劫回歸正確，還是佛教所說的前世，抑或死後一切都化為虛無的唯物論正確。也沒人知道天國和耶穌再臨後是否會有最後的審判。但從永劫回

98 祆（ㄒㄧㄢ）教，音譯為瑣羅亞斯德教，是伊斯蘭教誕生之前中東和西亞最具影響力的宗教，古代波斯帝國的國教。因信徒在火前禱告而又得名為拜火教，在中文又稱為火祆教或白頭教。

歸的觀點來看，有一點是可以確定的，那就是「過去總是反覆發生」。

從永劫回歸的概念來看，實際上明天的股價難道不是早已確定了嗎？我認為，即使未必如此，我認為現在我們所經歷的經濟危機，也是過去不斷反覆的恐慌與繁榮的延續。世界級投資者肯尼斯・費雪[99]表示，人們總是說「這次會不一樣」，但結果卻總是「這次也一樣。」他主張，在資本主義中，歷史總是會以相似的方式反覆。小說家馬克・吐溫[100]也曾說過，危機會週期性反覆，只是節奏不同而已。

無論永劫回歸是否正確，我認為透過以前的數據來了解現在的趨勢並從中汲取教訓，這種技術分析絕對不是毫無意義的現代版占星術。過去也曾發生過多次全球性大流行危機，而每次人類都會在經歷危機後實現進步。黑死病肆虐後催生了文藝復興，這就是歷史發展的一頁。在新冠疫情引發的股市暴跌時期，許多投資大師不僅沒有拋售股票，反而將其視為新的投資機會，由此可見，我們可以藉由過去依稀勾勒出現在與未來的輪廓。

尼采的永劫回歸認為，未來早已成定局。他嘲諷那些已經重複過這種人生，卻對此全然不知，還在掙扎著試圖尋找答案的人。對未來感到好奇的人們試著從過去尋找線索，並閱讀提供見解的書籍，當然其中也包括尼采的書。尼采的書雖然沒有告訴我們明天哪支股票會上漲，但卻充分提供了人們應該以什麼樣的心態迎接明天，並生活於世的線索。

99 Kenneth Fisher，一九五〇～，美國億萬富翁投資分析師、作家，費雪投資公司的創辦人兼執行主席。他在《富比士》的「投資組合策略」專欄從一九八四年持續到二〇一七年，使他成為該雜誌史上連續發表時間最長的專欄作家。

100 Mark Twain，一八三五～一九一〇，美國的幽默大師、小說家、作家，亦是著名的演說家。

渴望經濟自由的功利主義者

資本主義和共產主義共同追求的一種價值

與經驗論共同代表英國哲學思潮的功利主義，成為了資本主義和共產主義的知識基礎。「最大多數人的最大幸福」是提倡功利主義哲學的傑瑞米·邊沁的核心命題，也是資本主義和共產主義共同追求的一種價值。然而在方法論上，兩個陣營各自不同，資本主義透過自由，而共產主義則透過平等來實現這個命題，一九九〇年以後的歷史證明了資本主義的正確性。諾貝爾獎得主、經濟學家約瑟夫·史迪格里茲（Joseph E. Stiglitz）認為，這是社會主義失敗，而非資本主義成功，然而無論如何解釋，結果都表明資本主義占據了優勢地位。

功利主義在追求最大多數人的最大幸福時，也同時追求共同的幸福。幸福的另一種表達方式是快樂，可以量化；幸福的反義詞是痛苦，這同樣可以量化。一個人應該朝著增加快樂、減少痛苦的方向努力，而一個社會則應該朝著增加整體社會成員的幸福總量、減少不幸的方向發展。這可以是迄今為止最現實的哲學，也是最符合資本主義的精神理念。

功利主義從邊沁開始，再經歷了曾說過「飢餓的蘇格拉底比吃飽的豬好」的約翰·斯圖爾特·密爾[101]，逐漸進化成追求精神上的快樂和幸福。然而，功利主義最終無疑是一種「幸福的哲學」。據此，快樂是唯一的善，而痛苦是唯一的惡。

如果想在資本主義世界中，作為功利主義者生活

這裡的問題在於人類的慾望會互相衝突。每個人都想擁有江南的公寓、想上首爾大學，但這些資源是有限的。此時，功利主義的問題浮出水面。最終，光靠功利主義是不夠的，只能再引入倫理觀念。在優先重視大多數人的慾望，並將個人慾望擺在其次的情況下，我們不得不在社會層面上設定慾望的優先順序。從這

101 John Stuart Mill，一八〇六～一八七三，英國效益主義、自由主義哲學家、政治經濟學家、英國國會議員。代表作《論自由》是古典自由主義集大成之作，並對十九世紀的古典自由主義學派影響巨大。

一點來看，功利主義雖然是從資本主義發展起來的，但從內部來看，它還有可能發展成壓制資本主義、強調共同體秩序的極權主義。

此時，功利主義再次召喚解救者。那就是進化論者查爾斯・達爾文[102]。達爾文主張，人類的幸福並非單純追求個人利益，而是透過社會關係和互動變得更加豐富。他對人類的幸福提出了更加複雜而均衡的觀點。

從傑瑞米・邊沁、約翰・斯圖爾特・密爾，再到查爾斯・達爾文，功利主義帶給我們的訊息如下。

「首先要實現經濟自由。當你有餘力的時候，要幫助比自己弱小的人，那就會變得更加幸福。」

經濟自由就是無須為金錢煩憂，可以過上遊刃有餘的生活，而在信奉功利主義的資本主義世界中，這種美德備受推崇。有人認為金錢就是絕對的幸福，也有人認為不是，但至少金錢會將我們從環境中的不幸中解救出來。想要擺脫眼前的不便與困難，最重要的就是金錢。金蘭都教授曾開玩笑地說，上年紀後需要的五樣東西就是金、錢、鈔票、現金，還有「無論如何就是錢」。此外，Truston 資

產管理代表姜昌熙（音譯，강창희）提到，最近在針對退休者舉行的說明會上，二十多歲的參加者大幅增加，他們本能地害怕自己活得太久，尤其是活得比擁有的錢更久。換句話說，人們從二十幾歲就開始認知到金錢會帶給人多少不幸。從這一點來看，不管自己喜不喜歡，我們都是功利主義者。

102 Charles Robert Darwin，一八〇九～一八八二，英國博物學家、地質學家和生物學家，其最著名的研究成果是天擇演化（物種起源的解釋）。

從喬治・索羅斯的投資哲學中看到未來財富之路

投資之神——喬治・索羅斯的投資哲學

喬治・索羅斯在國際金融市場被稱為「投資之神」，同時也是一位提倡個人自由與民主主義的哲學家。他的思想深深受到了卡爾・波普的著作《開放的社會及其敵人》（*The Open Society and Its Enemies*）的影響。索羅斯在倫敦政經大學就讀時，他的指導教授就是卡爾・波普。身為猶太人的他在希特勒掌權後，從奧地利逃到英國，儘管在希特勒死後，德國成為了民主國家，他也沒有返回歐洲，而是在英國度過了餘生。卡爾・波普將希特勒的德國和史達林[103]的蘇聯等獨裁社會稱為「封閉社會」並加以批判。此後，受到波普影響的索羅斯也對川普和習近平進行了強烈的批判。

索羅斯也是投資哲學的集大成作者，「反身性理論」（Reflexivity）充分地展現了他的見解。簡而言之，該理論是指金錢等人類的一切都會在特定的週期內重複；代表性概念就是反覆出現的「反饋迴路」（Feedback loop）。我們的想法和行為互相影響，這也會影響社會系統和市場的波動。正反饋迴路會強化某種現象，而負反饋迴路則會減弱這種現象。過去和未來也會圍繞著現在展開反饋循環，週期性地發生類似現象。

索羅斯從波普的「開放社會」概念中，借用的主要內容如下。

1. **非線性思考**：開放社會尊重不同的觀點和思考方式，這使得超越線性思考的非線性思考成為可能。索羅斯透過這種非線性的思考方式，理解了市場的不合理性和不可預測性，並將其應用於投資。
2. **自我調節**：開放社會具有透過各種反饋迴路自我調節和發展的特點。索羅斯將這些自我調節機制應用於市場分析，以預測市場波動並制定投資策略。

103 Joseph Stalin，一八七八～一九五三，蘇聯政治人物、革命家、馬列主義思想家，蘇聯最高領導人。

3. **不確定性**：開放社會接受不確定性與變化，這可以推動不斷學習和成長。索羅斯承認自己的投資哲學存在不確定性，並透過不斷學習和改變市場狀況，實現了成功的投資。

4. **反省**：開放社會具有透過批判性思考和反省來自我發展的特點。索羅斯不斷反思和分析自己的投資經驗，進而改善了投資策略。

5. **倫理**：開放社會以尊重個人自由和責任的倫理價值為基礎。索羅斯在自己的投資活動中強調了倫理責任，並追求為社會可持續發展做出貢獻的投資。

從哲學而非從統計學中學習

從喬治．索羅斯的反身性理論中可以看出，從哲學中能學到比數學和統計學更多金錢知識與智慧。喬治．索羅斯與同齡的華倫．巴菲特被稱為永遠的競爭對手。雖然巴菲特的財產比索羅斯多，但如果將索羅斯捐贈的三百二十億美元，再加上八十四億美元的財產來計算，他的實際財產可能已超過巴菲特。

然而，索羅斯在賺錢的過程中，曾重創一個國家（英國）的經濟，導致無數

人的家園被摧毀，因此可以說索羅斯賺錢的方法比巴菲特更為殘酷。在ＩＭＦ時期（亞洲金融風暴時期[104]），他全力促使韓元貶值，韓國國民也遭受了巨大損失。索羅斯正好符合韓國的一句俗語：「拚命賺錢，體面花錢（개같이 벌어서 정승같이 쓴다）。」索羅斯隨時都在向祖國匈牙利的移民者，全世界需要民主主義的地方提供資金援助，如果說他是在「用錢捍衛民主主義」一點也並不誇張。雖然尚未得到證實，但據悉，他參與了敘利亞內戰[105]，為馬其頓政府的更迭[106]助了一臂之力，並向反川普[107]示威者提供了支援金。因此，土耳其總統雷傑普·塔伊普·艾爾段[108]曾神經質地批評索羅斯為了驅逐自己而支援土耳其的恐怖組織，並將他形容為「全世界的敵人」。

104 一九九七年爆發的一場金融危機，從一九九七年七月開始席捲東亞大部分地區。

105 始自敘利亞持續的多邊衝突，二〇一一年三月，民眾對巴夏爾·阿塞德（Bashar al-Assad）統治的不滿引發了敘利亞各地的大規模抗議活動和民主集會，自由敘利亞軍等各種武裝反叛團體開始在全國各地形成，而到了二〇一二年年中，叛亂已經升級為一場全面的內戰。

106 二〇一七年，索羅斯基金會資助的非政府組織曾壟斷和綁架馬其頓的社會團體，不但壓制不同觀點，甚至利用其資金和人員優勢支持馬其頓的暴力活動。

107 Donald Trump，一九四六～，美國企業家、政治人物及媒體名人，現任（第四十七任）美國總統。

108 Recep Tayyip Erdoğan，一九五四～，伊斯蘭主義者、新鄂圖曼主義者、伊斯蘭民族主義及大西洋主義者，也是土耳其第一位通過直選方式先後擔任總理、總統職務的政治人物。

在累積巨大財富後，該朝什麼方向前進

喬治・索羅斯在倫敦大學從老師卡爾・波普身上學習到了開放社會的必要性，即民主主義的價值後，很早就下定決心將自己一生賺的錢獻給與封閉社會的鬥爭。事實上，他成為避險基金管理者後也沒有忘記過去所學。他目前認為，中國習近平政府是現存封閉社會中權力最大的權威主義體制。在一次採訪中他曾表示，「我一定要在還活著的時候看到中國共產黨倒台。」索羅斯敵視中國共產黨和習近平的原因有很多，包括禁止個人崇拜、全面禁止討論、對自由主義的攻擊，鎮壓新疆、維吾爾、西藏等少數民族，壓迫香港、威脅入侵台灣等。

巴菲特捐贈鉅款給比爾與梅琳達・蓋茲基金會[109]來救濟人們免受貧窮和疾病的影響，索羅斯則正在投資讓獨裁國家國民意識到自由和民主的重要性。他全力支持民主主義和市民教育，並資助獨裁國家孩子接受免費教育，幫助他們學習個人的尊嚴。他親自承擔起社會該支付的成本來實踐「貴族義務」（Noblesse Oblige），在這樣的行為中，我們得以見證，那些累積巨大財富的人在今後可以朝哪個方向前進。

「潛意識之父」弗洛伊德也不推薦的「潛意識投資」

在投資中心理學很重要的原因

在投資中，哲學固然重要，但心理學更是必不可少，還有一句話叫「投資股票全靠心理」。市面上有很多將股票投資與心理學聯繫起來的書籍。實際上，美國甚至有結合心理學和投資學的學科——「行為財務學」，可見投資者對心理學的期待很高。

在談論人類的精神和心理時，不能不提弗洛伊德。弗洛伊德雖然是神經精神科醫生，但本質上是一名心理學家。他和威廉·馮特[110]、威廉·詹姆士[111]一同為現

109 Gates Foundation，由比爾·蓋茲與梅琳達·蓋茲夫婦資助的全球最大的慈善基金會。
110 Wilhelm Wundt，一八三二～一九二〇，德國著名心理學家、生理學家兼哲學家，心理學發展史上的開創性人物。
111 William James，一八四二～一九一〇，美國哲學家、心理學家，被譽為「美國心理學之父」。

代心理學的發展做出了巨大貢獻。

弗洛伊德對心理學的貢獻並不少，其中潛意識、本我和心理動力學理論與投資市場，尤其與股票市場有關。散戶在股市中失敗的最大原因在於「潛意識的買賣」，即所謂的「跟風買賣」、隨聲附和。弗洛伊德解釋說，在潛意識中被壓抑的過去未解決的矛盾或問題會顯現出來，進而影響一個人當前的想法或行為。無法準確查明的潛意識思想動搖著現在，這種情況在股市上比比皆是。更不用說，依靠他人的判斷而非自己的大腦所進行的投資，絕對是必須避免的買賣方法。

雖然有些腦科學家懷疑潛意識的存在，但似乎很難否認其本身。紐約大學史登商學院教授亞當・奧特（Adam Alter）和卡內基梅隆大學教授丹尼・奧本海默（Daniel Oppenheimer）針對品牌名稱對實際股市的影響進行了研究。一般而言，光看品牌名稱進行股票交易是難以被接受的。但實驗結果顯示，人們確實有這種傾向。發音簡單的品牌投資表現更好。

在這項研究中，隨機選取了從一九九〇年到二〇〇四年在紐約證券交易所開始股票交易的八十九家公司。結果顯示，發音簡單的品牌傾向有被高估，而發音困難的品牌則往往被低估。美國證券交易所（NYSE）的調查也得出了相同的結果。美國與使用數字標記企業名稱的韓國市場不同，美國使用字母標記股票代碼，股票代碼像「KAR」一樣發音簡單的公司，表現明顯好於像「RDO」一樣發音困難的公司。

發音簡單的品牌在上市首日的股價高出11.2%，六個月後這個差距擴大到27%以上，一年後差距超過了33%。原因很簡單，人類潛意識的資訊處理過程將容易發音的品牌名稱與「熟悉感」聯繫在一起，發音困難時則與「陌生感」聯繫在一起。「熟悉感」延伸至「安全感」，「陌生感」延伸至「危險感」。像這樣依賴潛意識，而非查看財務報表和企業業績報告進行投資的人，不僅在美國很多，在韓國也不在少數。在新冠疫情後，有些散戶看到外國人大量購買新豐製藥（SHIN POONG），就誤以為新豐造紙是新豐製藥的子公司而直接買了下來。

如果弗洛伊德在當今世界投資

弗洛伊德是一位終其一生都在努力學習的學者和學生，他將自己的想法應用到臨床實踐，並在實踐中不斷改進所學，直到生命的最後。他主要在神經症的起源、兒童期的依附心理以及心理防禦機制等領域留下了成就，然而在晚年，他開始對自己曾貶斥為幻象的宗教產生興趣，並探討了文明產生衝突的原因。

我想，如果弗洛伊德進行投資，他一定能投資得非常成功。他應該會成為一位不斷學習新領域、研究新產業和企業的投資者吧？即使是突出「潛意識」概念的弗洛伊德，也絕不會建議將命運交給他人的意見或潛意識來進行投資。

行為經濟學所説的投資者應避免的錯誤

所有股票投資都是注定失敗的

股票專家一致表示，股票投資是注定失敗的。這是因為人類會受到各種錯誤和傾向的影響。不可能每一個投資股票的人都能賺到錢。因為若要實現這一點，資本主義每年都要實現龐大的成長率，而在地球這個資源有限的環境中，這是不可能的。

尤其是像二〇二二年一樣，韓國股市與美國股市都陷入困難的時期，讓人不由自主地想到是否該暫時退出市場。此時，建議不要閱讀股票書籍，而是應該閱讀探討參與股市者的心理書。此外，還有一門學問——行為經濟學。除了行為經濟學創始人丹尼爾・康納曼以外，我還想介紹繼康納曼之後第二位獲得諾貝爾經濟學獎的行為經濟學家——理察・塞勒[112]的理論。

行為經濟學和行為財務學解釋稱，人類投資失敗的原因在於難以改變固有的錯誤觀念。塞勒表示：

「無論是生活中重大而嚴重的問題，還是像選擇早餐這樣的小事，要讓人們改變想法絕非易事。」

事實上，初入股市的人之所以犯錯，很多時候並不是因為他們是新手，而是因為人類的本性。其中最常見的錯誤就是，想要長期虧損、短期獲利的錯誤念頭。

當股票下跌時，由於對投入資金的依戀（這被稱為沉沒成本），人們抱持著「總有一天會漲價」的期待，忘記了停損原則，選擇繼續持有。然而，透過股票賺錢的人會遵守自己的停損原則。靠股票成為數千億韓元資產家的朋友也嚴格遵守「下跌7%時賣出」的原則，以避免更大的損失。然而，一般人害怕斷定自己有損失，所以一直持有下跌的股票。當然，總有一天會漲價的希望可能成真，但股票下跌通常都是有原因的。

此外，在許多情況下，如果股票獲利，人們就會認為「終於獲利了」並馬上賣出。如果想在股市中成功，就應該短期虧損、長期獲利，但實際上大多數投資者的行為模式都恰恰相反。

行為經濟學中所說的投資錯誤

行為經濟學最偉大的貢獻就是「展望理論」（Prospect Theory），該理論充分展現了人類出於本能迴避損失的傾向。首次獲得諾貝爾獎的丹尼爾・康納曼和心理統計學家阿摩司・特沃斯基[113]（可惜在諾貝爾獎頒獎前去世，因此未能領獎）基於展望理論，解釋了人們在面對損失時更傾向於追求風險的行為特性。理察・塞勒曾說：

「在這種情況下，我們需要記住的是，即使是具有正常避險傾向的人，在因重大損失而承受壓力時，只要看到挽回的可能，也可能會冒險承擔極端風險。」

許多人在下跌時卻遲遲不賣掉，持續等待上漲，最後變得一文不值，就像在二〇二二年一月底，差點被退市的 SillaJen[114] 股票一樣。美國的投資者也不例外。

112 Richard H.Thaler，一九四五～，美國經濟學家，二〇一七年獲得諾貝爾經濟學獎。

113 Amos Tversky，一九三七～一九九六，以色列認知心理學者、數學心理學者，一九八四年獲得麥克阿瑟獎。

114 一家總部位於韓國的生物技術公司，創立於二〇〇三年。

在美國，如果股價在一定期間內跌至一美元以下，就會被退市。這樣一來，股票就不是錢，而成為了廢紙。

人們夢想在最後一刻發生奇蹟，例如在棒球比賽中第九局兩出局、滿壘時擊出反敗為勝的全壘打。人們會如此夢想的原因，可以用行為心理學所說的錯誤來解釋，即「峰終定律」（Peak-End Effect）。人們最看重的是最後的感受，而非整體的感受。如果整體上痛苦的時間較長，但最後痛苦逐漸減弱，或者整體痛苦的時間較短，但最後痛苦指數上升，人們會認為前者的情況相對不那麼痛苦。在股市中，人們夢想在最後關頭反敗為勝的原因就在於此。

從行為經濟學的角度來看，人類投資股票失敗的另一個原因是「過度頻繁的買賣」。基金收益率高的基金經理很少買賣股票。週轉率越低，收益率越高。從因果關係來看，高收益率是結果，低週轉率是原因。然而，一般投資者卻反其道而行，經常盯著股價反覆進行買賣，每次交易都會產生手續費或像韓國需要支付的交易稅，因此最終的受益者只有證券公司和政府。

塞勒諷刺地說：

「人類不僅沒有愛因斯坦的大腦，也沒有禁慾的佛教苦行僧的自我控制力。」

如果沒有像愛因斯坦一樣的天才頭腦，那麼至少要具備像苦行僧一樣的克制力，即自我控制力，這就是股票投資所必需的。

最後我想介紹的錯誤是，人們往往高估自己的能力。人們誤以為自己知道什麼時候該買入和賣出股票，即誤以為自己知道低點和高點。然而，正如巴菲特也承認的那樣，除非是神，不然不可能。推薦股票的群組之所以被指責為騙子，就是因為他們用告知該買入和賣出哪支股票的時間來迷惑投資者。根據塞勒的說法，試圖透過時機賺錢的投資者幾乎不存在。就連成功的基金經理也承認，這是神的領域。

關於股票心理學、行為金融學和行為財務學，雖然我還有許多話想說，但決定就此打住。現在，讓我們轉向「有錢人書櫃」的下一個書架——「歷史」類別。

PART 3

有錢人在歷史中閱讀關於錢的鬥爭

人們熱衷中世紀戰爭學者尤瓦爾・哈拉瑞的原因

有錢人在讀書會中引用最多次的書

企業老闆或ＩＴ業界執行長每月都會舉行一次早餐聚會和讀書會。他們會請講師來演講，但並不請理財講師，而是以歷史講師為主。此外，在歷史講座中，被引用最多次的作家就是以色列的歷史學教授——尤瓦爾・哈拉瑞。

尤瓦爾・哈拉瑞在著作《人類大歷史》（*Sapiens*）中解釋稱，懦弱矮小的人類之所以成為世界主宰的原因在於，從農業革命開始的一系列革命的連續。他的一些主張引發了爭論和攻擊。最具代表性的是，他主張在第四次工業革命時代，數學家和科學家將因為人工智能而失去工作，因此未來要依靠人文學來維持生計。許多數學家和科學家對此表示反對，並批評了哈拉瑞。他們認為，哈拉瑞只是一名對人工智能僅有基本常識的歷史學家，竟然在自己不太瞭解的領域發表不自量力的言論。眾所周知，哈拉瑞的主修是中世紀歐洲戰爭史。

然而，我不認為哈拉瑞是因為不太了解人工智能和大數據才發表了那樣的言論。雖然他主修歷史，但從他龐大的知識和涉略領域來看，他應該充分了解人工智能、深度學習、機器學習、監督學習和非監督式學習的差異等。

也許他只是直率地傳達了從自己的角度思考的真相。實際上，他也以非常直率的態度聞名。他毫不猶豫地指出，自己所屬的猶太教和猶太群體是一個狹隘、陷入過度妄想症的群體，從這一點就能夠看得出他的性格。

他身為猶太人，為何不批評長期迫害猶太人的基督教和當前結下不共戴天之仇的伊斯蘭教，反而批評自己的宗教——猶太教呢？這是因為他絕不以陣營或民族邏輯為立足點。他的邏輯起點與終點，並非出於以色列人尤瓦爾·哈拉瑞的身分，而是基於他個人的想法。他甚至反問：「民族真的能感受到痛苦嗎？」隨後嚴詞指出：「民族只不過是一種隱喻而已。」

有錢人書櫃裡有尤瓦爾・哈拉瑞書籍的原因

哈拉瑞就像否定民族認同，只承認個人認同的維克多・法蘭克[115]一樣，反對賦予民族過大的意義。正因如此，他反對法西斯主義（Fascism），並批評現有體制中最接近法西斯主義的俄羅斯民族主義[116]。法西斯主義是一種將民族極端神化的思想，就像希特勒的德國和現在普丁[117]的俄羅斯一樣，最終都會走向將民族領導人神化的個人崇拜。尤瓦爾・哈拉瑞對此犀利地指出：

「如果你生活在一個國家，領導人經常說：『他們的犧牲將展現我們民族的永恆純潔。』就應該有所覺悟。要想保持精神的完整，就必須將這種領導人的咒語轉化成現實的語言來理解。也就是說，『士兵將在痛苦中哭泣，女性將被毆打和野蠻對待，孩子將在恐懼中顫抖。』」

115 Viktor Frankl，一九〇五～一九九七，奧地利神經學家、精神病學家，維也納第三代心理治療學派－意義治療與存在主義分析（Existential Psychoanalysis）的創辦人，猶太人大屠殺的倖存者。

116 Russian nationalism，一種促進大俄羅斯文化認同和統一的民族主義形式。

117 Vladimir Putin，一九五二～，俄羅斯政治人物，被外界認為是俄羅斯自二〇〇〇年以來實際上的最高領導人。

尤瓦爾．哈拉瑞之所以在大眾和許多有錢人的書房中受到歡迎，不僅因為他的直言不諱，還因為他豐富的表達能力。我們來看看他最近出版的《21世紀的21堂課》（*21 Lessons for the 21st Century*）。這本書因為二十一個關鍵詞互相連接、環環相扣的結構，閱讀起來自然流暢，但如果沒有他華麗的修辭和驚人的文學比喻，可讀性就不會如此之高。例如，他不會直接說莎士比亞[118]創作了《哈姆雷特》（*Hamlet*），而是說：「莎士比亞以《哈姆雷特》為題，寫出了更有名的、他自己版本的《獅子王》（*Lion King*）。」他在主張應該依循達摩[119]之道時，這麼比喻：「一個專心走好自己洗衣工之路的洗衣工，比一個偏離王子之路而迷惘的王子要好得多。」

他還有一樣強大的武器，那就是來自博覽群書與過人記憶力的豐富知識，這讓他能在論點中恰如其分地運用各式各樣的例子。無論是電影、歷史、宗教、科學、文學或藝術等領域，他都能舉出多樣的例子，這種能力使他不僅跨越時代，還始終保持魅力，是人人都渴望擁有的特質。

從戰爭的歷史中閱讀世界秩序的走向

新市場與投資的機會和戰爭

《文明世界的戰爭》（*War in Human Civilization*）的作者阿扎・加特（Azar Gat）也是有錢人書櫃中常見的歷史作家。如果說人類的歷史是為了爭奪更多財富的鬥爭紀錄，那麼有錢人對戰爭歷史的關注也就不難理解了。

實際上，戰爭可以創造新的市場和投資機會。無論是武器製造、軍需品供應，還是重建工程等多個領域，都有人找到新的機會並從中獲利。正如股市有句名言「發生戰爭時就一定要購買股票」一樣，部分有錢人會在戰爭引起的不穩定和混亂中，採取低價買入資產或利用市場波動性獲利的投資戰略。

118 William Shakespeare，一五六四～一六一六，英國戲劇家與詩人，被認為是西方文學史上最傑出卓越的文學家之一。

119 三八二～五三六，又作菩提達磨，簡稱達摩，為南天竺、波斯人，為中國禪宗之開創者。

從歷史上來看，部分有錢人利用戰爭來發揮政治影響力，並努力保護自己的經濟利益。當窮人對內部有錢人的不滿和憎恨轉向外部敵人時，有錢人就能保住自己的權力。

為了繁殖和生存的必然戰爭

阿扎·加特是特拉維夫大學的教授，比尤瓦爾·哈拉瑞年長十七歲，他也像尤瓦爾·哈拉瑞一樣是特種部隊出身。眾所周知，以色列是一個隨時可能爆發戰爭的軍事化國家，因此所有國民幾乎都像是軍事專家一樣，無論是男人還是女人，企業家還是教授，無一例外。

以色列的知識分子，尤其是歷史學家，必然對戰爭非常感興趣。哈拉瑞也寫過以中世紀戰爭史為主題的博士學位論文；加特則是一名歷史教授，也是以色列政府的軍事顧問。《文明世界的戰爭》這本書是針對「人類為什麼戰鬥」的人類學和進化心理學的合作。正如戴維·巴斯（David Buss）在《欲望的演化》（*The evolution of desire*）將人類的演化定義為「男女之間為了占據更多資源的交配策略」；阿扎・加特將戰爭理解為在資源必然不足的情況下，繁衍條件變得越來越艱難，為了繁殖和生存而展開的競爭。

對於盧梭[120]「在自然狀態下，人類理應就是天堂」的主張，加特以「不要搞笑了」一句予以駁斥。他分析了許多歷史事實和化石，以及尚未文明化的紐幾內亞或北澳等原住民的生活，斷言稱人類的自然狀態更接近霍布斯[121]主張的「萬人對萬人的鬥爭」狀態，而非盧梭的主張。戰爭絕非國家或人類文明的產物。

根據他的說法，在自然狀態下的成人中，因暴力相關而死亡的比例約為15%，而男性占約25%。也就是說，每二十名男性中有四人被殺害。根據美國疾病管制與預防中心（CDC）的最新犯罪統計數據，二〇二二年美國每十萬名成年男性中有十二人被殺。換句話說，一年每一百人中有零點零一二人被殺。即，就算在像美國這樣殺人率高的國家，與原始時代相比，被他人殺害的機率也只有二十分之一。考慮到史前時代人類的平均壽命不到二十歲的事實，可以說，現代人類生

120 Jean-Jacques Rousseau，一七一二～一七七八，啟蒙時代法國哲學家、政治學家、教育學家、作曲家與浪漫主義文學家。

121 Thomas Hobbes，一五八八～一六七九，英國的政治哲學家，現代自由主義政治哲學體系的奠基者。

活的環境比那時安全了約八十倍。隨著人類的演化，戰爭似乎也在進化和發展，但第二次世界大戰以後，全球性戰爭已不再發生。當然，加特教授也非常清楚，這個原因在於核武器。

作者以有趣的方式分析了歷史上聲名顯赫的戰爭英雄的戰略和戰術，例如，匈人王阿提拉[122]、斯巴達的列奧尼達一世[123]、羅馬的大西庇阿將軍[124]、蒙古帝國的成吉思汗[125]、拿破崙[126]和希特勒等，並在文明的宏大脈絡中加以展望。有趣的是，斯巴達即便在勢力最為強盛的時期，正規軍也不超過一萬人，而讓中世紀歐洲聞風喪膽的匈人王阿提拉的軍隊，規模也只有約五萬名騎兵。這些騎馬民族的機動性和戰術對羅馬構成了巨大威脅。換句話說，羅馬的滅亡並非因為人，而是因為馬。

亞洲的遊牧民族匈人和蒙古族兩次入侵歐洲未果，最終止步於匈牙利。根據作者的介紹，其原因在於歐洲特殊的地形。匈人和蒙古族需要能夠綑綁無數馬匹的空間，而在歐洲，只有匈牙利平原符合，歐洲多岩石的地形成為遊牧民族完全征服歐洲的主要阻礙。

像這樣受到東方遊牧民族威脅的歐洲軍事力量，直到近代以後才取得了優勢。根據作者的描述，有三大因素促成了歐洲的勝利，分別是火藥、大洋航海和印刷術。其中最重要的、創造歐洲奇蹟的真正引擎就是大洋航海。透過大洋連接各大洲，歐洲貿易體系得以建立。隨著兩次世界大戰和曾統治東歐的蘇聯的瓦解，西方民主主義陣營在不流血的情況下取得了勝利。

感知世界秩序的變化

阿扎．加特寫這本書的時期是在二〇〇五年左右，或許他感知到了世界秩序的變化。他預測稱，美國和中國的衝突會因為中國崛起而加劇，如果俄羅斯的普丁加入其中一方（當然是較弱的中國），就會形成與自由民主國家不同的權威主義國家聯盟。換句話說，由於軍事力量排名第二和第三的中國與俄羅斯聯盟，總

122 Attila the Hun，約四〇六～四五三，自約四三四年時至其過世時，為匈人最主要的君主之一。匈人帝國形成於在他的領導期間，並成為西羅馬帝國和東羅馬帝國最主要的敵對勢力。

123 Leonidas I，?～前四八〇，古代斯巴達國王，他率領的三百名斯巴達士兵的英勇表現，使他成為了古希臘英雄人物。

124 Scipio Africanus，前二三五～前一八三，古羅馬統帥和政治家，在扎馬戰役中打敗迦太基統帥漢尼拔而聞名於世，也被稱為「征服非洲者」（Africanus）。

125 約一一六二～一二二七，大蒙古國的創建者及首任皇帝。

126 Napoléon Bonaparte，一七六九～一八二一，法國著名軍事家和政治家，法蘭西共和國第一執政與帝國皇帝。

有一天美國將無法靠一己之力阻擋他們。

東亞衝突的根本原因或許也在於此。美國在亞洲的力量越來越小，中國和俄羅斯的關係卻越來越緊密，力量版圖正在發生變化。東亞權力結構正在重建。雖然現在沒有流血戰爭，只有經濟戰爭，但根據作者的敘述，未來將越來越有可能演變成超大型戰爭。

過去，美國的力量一度獨大時，戰爭並未發生，但在力量相當或發生逆轉的那一刻，權威主義體制很有可能將戰爭視為一個重要的選項。與此相比，自由民主主義陣營的地位日益下降。擁有核武的英國、法國和曾是財富象徵的德國，也不再擁有昔日的實力。作者這麼描述現在的歐洲：

「歐洲社會充斥著享樂主義，正逐漸衰退與墮落，二戰後由於美國的權力，他們生活在一個安全的『蠢蛋樂園』裡。他們希望能夠隔絕外部的危險因素，或者更糟的是，他們希望能將這些因素轉嫁到美國身上。」

根據他的說法，歐洲是衰退的蠢蛋，是只依靠美國的老祖宗國家（站在美國的立場上）。我們不得不傾聽阿扎．加特的意見：到底是依賴美國養活的人口和國家太多，還是因為這些國家導致美國的競爭力跟著下降了？

西方的財富時期——古代希臘和羅馬的故事

科學和經濟的鼻祖——希臘哲學家

長期占據有錢人書櫃一隅的書籍中，絕對少不了「希臘羅馬神話」。在有錢人的讀書會上，人們經常閱讀希臘羅馬神話專家、首爾大學教授金賢（音譯，김헌의）的書籍，也經常舉辦作家講座。因為他們相信希臘羅馬神話是包含科學和現代經濟根基的寶庫，而非單純的虛構故事。

科學的始祖是希臘哲學家。亞歷山大大帝[127]的老師亞里斯多德是邏輯學、生物學和物理學的創始人，他的系統性思考方式和基於經驗觀察的研究為科學發展奠定了基礎。首次嘗試動物解剖的人也是亞里斯多德。

127 Alexander the Great，前三五六～前三二三，古希臘馬其頓王國國王，三十歲時已建立了疆域最大的帝國之一，範圍從希臘、小亞細亞、埃及、波斯、兩河流域、阿富汗到印度西北部。

此外，古希臘哲學家畢達哥拉斯[128]研究了數學與音樂的關係，他的數學思考方式影響了物理學、天文學等各個領域的發展。醫學之父希波克拉底[129]也不容忽略，他觀察患者的方式和經驗療法為現代醫學的發展奠定了根基。

化學的鼻祖——德謨克利特[130]，是一位天才科學家和哲學家，他在顯微鏡發明之前就已經發現萬物的根源是原子。在視網膜的概念尚未出現時，他就已經大致掌握了人類的視覺和認知是如何形成的。那麼在進入浴池的那一刻，看到溢出的水，並高喊「尤里卡」[131]的阿基米德[132]呢？如果沒有出現辨別真偽的觀念，工業社會本身或許不可能會出現。

很多有錢人關注的期貨期權的概念，源自於古希臘哲學家泰勒斯[133]。泰勒斯精通天文學，透過觀察天空預測了當年的橄欖產量。他預計，由於當時橄欖油壓榨機非常短缺，租借費用會隨著收穫季節的臨近而飆升。當橄欖收成不佳時，泰勒斯以低價提前購買了壓榨機，第二年迎來豐年且收穫季節臨近時，泰勒斯便以高價租給了人們。期貨期權賺大錢的原理早在二千五百年前就已被應用了。

希臘哲學與羅馬技術相遇時

一九九〇年代，韓國有錢人的書櫃裡必定有這個人的書。他就是《羅馬人的故事》的作者塩野七生[134]。

羅馬是繼亞歷山大大帝之後，世界上第二個建立帝國的國家。在《羅馬人的故事》中特別吸引許多讀者關注的就是羅馬的技術發展。羅馬透過卓越的水道建設技術為廣大領土供水，不僅提高了農業生產效率，也對城市發展做出了重大貢獻。首都羅馬有十一條水道，全長約八百七十公里。

128 Pythagoras，前五七〇～前四九五，古希臘哲學家、數學家和音樂理論家，畢達哥拉斯主義的創立者。

129 Hippocrates，前四六〇～前三七〇，他將醫學發展成為專業學科，並與巫術及哲學分離，故今人多尊稱之為「醫學之父」。

130 Democritus，前四六〇～前三七〇或前三五六，古希臘的自然派哲學家，古代唯物思想的重要代表及「原子論」的創始者。

131 Eureka，意指「我發現了」或「我找到了」，一個源自希臘用以表達發現某件事物、真相時的感嘆詞。

132 Archimedes，前二八七～前二一二，希臘化時代數學家、物理學家、發明家、工程師、天文學家。

133 Thales of Miletus，前六二四－六二〇～前五四八－五四五，古希臘古風時期的數學家、天文學家，前蘇格拉底哲學家，希臘七賢之一。

134 一九三七～，日本作家，學習院大學文學部哲學科畢業，一九六三～一九六八年遊學義大利，歸國後在雜誌《中央公論》發表一系列以義大利為中心的古代至近代的歷史，並獲頒每日出版文化賞、菊池寬獎、義大利功勞勳章、紫綬褒章等榮譽。

透過奴隸制度大規模經營農場的也是羅馬人。得益於此，不僅糧食產量增加，經濟也大幅發展。隨著建立起高效的生產體系並創造鉅額利潤，對英國創造資本主義也產生了根本性的影響。希臘哲學家的科學、邏輯思考方式與羅馬人的實用思考相結合，為人類文明提供了劃時代的轉折點。

對於《羅馬人的故事》中敘述最有趣的布匿戰爭（Punic Wars），每個讀者的觀點各不相同。當然，波斯和希臘之間的對決也可以看作是霸權戰爭，但真正霸權戰爭的序幕是羅馬和迦太基圍繞地中海霸權所展開的第三次大戰。從財富的觀點來看，戰爭絕對不是由名分或民族主義等政治因素引起，而是圍繞經濟利益所發生的衝突。戰爭本身源自於因西西里島豐富的農產品和礦物資源所引發的矛盾。羅馬帝國之所以成為富國、羅馬市民之所以成為有錢人，也是因為他們在這場戰爭中取得勝利後，奴隸市場的興起。當然，這也帶來了負面影響。從勞動中獲得自由的羅馬市民為了緩解枯燥的日子，在圓形露天劇場觀看劍鬥士們死去和被殺死的場面並陷入狂熱，在那個時期，羅馬開始慢慢走向滅亡。

如果想培養孩子財富的觀點，可以推薦他們閱讀關於希臘哲學和羅馬技術的書籍。因為若沒有這兩者，西方的財富便無從談起。

中國人比起劉備更喜歡關羽的原因

因無法了解而更想了解的國家

為了培養財富的觀點和洞察力，另一個需要了解的國家就是中國。如果想了解中國和中國人，就必須閱讀《三國志》。人們常說，中國人表裡都是錢。這個世界上最追求金錢的國家選擇了社會主義體制，這無疑是一個令人驚訝的悖論。

雖然我們知道中國是儒教之國、忠孝之國，但仔細觀察其歷史，就會發現其表裡不同的一面。中國比韓國朝代更換得更頻繁。統一王朝共有十一個，如果算上分裂時期，中國存在的國家數量已難以確切統計。此外，當異族而非自己民族統治國家時，也有不少人積極投降，追求立身揚名。正因為如此，即使中國的民族性與社會主義最為遙遠，卻依然在亞洲率先實現了社會主義。正如易經中所說的物極必反一樣，如果太過極端，就總會朝著相反的方向發展。

在中國蔓延的關羽熱潮

如今在中國，關於《三國志》中關羽的熱潮再次蔓延。關羽是卓越的英雄，也是忠臣。然而，現在中國人熱衷於關羽，並不是因為他的義氣和忠誠，而是因為他被奉為財神。實際上，關羽來自被稱為「中國華爾街」的山西省，所以有人推測，或許正是因為如此，將金錢奉若神明的中國人將關羽視為財神。

實際上，走遍全中國經商的山西省商人身為關羽的同鄉，為了強調身分認同，除了祭祀自己的祖先外，還會祭祀關羽。事實上，在《三國志》中描寫的關羽是一個幾乎沒有物質慾望的人物。關羽被曹操俘虜後，為曹操而戰，帶著敵人的首級歸來。他為了回到自己的主子兼大哥劉備（其實關羽年紀更大）身邊，放棄了因戰功獲得的巨額賞賜和金錢，奔赴蜀國。

山西的商人們在祭祀關羽時，會祈求讓自己賺更多的錢。隨著其他地區的人們紛紛效仿，關羽無意間成為了財神。《三國志》人物中，死後被奉為神的恐怕只有關羽。

毛澤東[135]以「封建」之名抨擊中國的傳統價值，其力度不亞於對資本主義的批判，但那段時期已經過去，隨著鄧小平[136]選擇改革開放路線，中國人開始重新信奉關羽。如今，習近平打算如何治理現在的中國呢？社會主義與馬克思所設想的有些不同，在中國實現了本地化。就像過去中國皇帝賜予道家道士或佛教僧侶官職，將他們降為自己的臣子，試圖打破政經分離，追求政經合一一樣，習近平將中國人的財富崇拜和共產黨的獨裁統治這兩個看似毫無關聯的因素捆綁在一起，並宣稱「這也是中國」。中國真是一個奇妙的國家。即使再違和與矛盾，似乎都能以「中國」之名融合在一起。

135 一八九三～一九七六，中國近代馬列主義理論家、革命家、政治人物、軍事戰略家和詩人，中華人民共和國的主要締造者及中共第一代領導集體的核心。

136 一九〇四～一九九七，中華人民共和國第二代最高領導人，中國官方評價其為「改革開放的總設計師」。

具有魅力的投資地中國為何成為憎惡的對象？

從市場的角度來看，中國無疑是一個具有魅力的國家。然而在中國透過經營事業或股票投資賺錢並非易事。我身邊也有很多企業家和投資者進軍中國，但賺到錢的人並不多。因「關係」（指人與人之間封閉性的聯繫與關係）障礙而事業失敗的人，以及因中國企業突然退市而讓握有的股票變成廢紙的這些人，積極促成了針對中國的負面輿論。無論是進步派還是保守派，韓國人普遍將中國視為最討厭的國家，這與上述這些直接或間接的經歷息息相關。此外，在大學校園中，中國留學生透過外國人特別招生，相對輕鬆地通過入學考試，但卻經常做出蠻橫霸道的行為。目睹這一幕的二十多歲年輕人中，約有96%討厭中國，可見大韓民國的反中情緒已經跨越世代，甚至超越了對日本的反感。

在眾多反映這種國民情緒的反中書籍中，有一本卻因韓國前總統文在寅的推

薦而備受矚目的親中書籍。那就是《掌櫃主義的誕生》（짱깨주의의 탄생，暫譯），這本書從多個角度來審視中國這個國家，具有一定意義。

如果沒有前總統文在寅的推薦，這本超過六百七十頁的書或許只會被圖書館買進，而難以引起大眾矚目。這本原本可能只會成為一本優秀學術書籍的命運被完全改變了。文前總統在社群媒體上推薦這本書後，它的銷售指數瞬間增加了十倍。文在寅在圖書領域具有強大的影響力，他為什麼推薦這本書呢？因為這本書不僅批評保守派，還批評進步派，毫不掩飾地表現出親中立場。

首先，文前總統明確表示，這是一本「極具爭議性」的書，他之所以推薦這本書並非因為認同書中的觀點。因此，僅因推薦了這本書就批評文前總統「果然是親中」是不恰當的。文前總統強調，這本書可以成為開啟新觀點的契機，並表示我們不應盲目接受媒體提出的所有事實。

實際上，這本書有許多章節，即便是對中國抱持偏見的人，也會覺得「這樣說也有道理」，然而，書中仍有一些地方令人心生疑問。

137 一九五三～，韓國進步派政治家與人權律師，共同民主黨人士，曾任大韓民國第十九任總統。

1. 真的是因為媒體導致年輕世代的反中情緒嗎？

作者金熙喬（音譯，김희교）教授明確指出，韓國人的反中情緒過於受到偏向美國視角的媒體，尤其是具有保守色彩的媒體的影響。然而，十幾歲和二十幾歲的年輕人真的是被困在所謂的「朝中東[138]框架」中嗎？他們會特意去找這些媒體的報導來看嗎？這讓人不禁產生懷疑。

當然，雖然韓國媒體對中國和習近平的報導確實偏向負面，但年輕人對中國持有負面看法，更多是因為他們與中國相關的實際經歷，例如中國留學生、朝鮮族和中國遊客等，這些經歷讓他們對中國形成了負面的形象。換句話說，實際的經歷在前，媒體或社群媒體的影響在後。作者過於高估了媒體的角色，這讓我懷疑作者是否沒有準確地理解韓國國民，特別是年輕人所持有的反中情緒的根本原因。

2. 真的不是習近平的中國，而是中國的習近平？

這是最具爭議的部分。韓國國民將中國稱為「習近平的中國」，就像希特勒時代的德國一樣。然而，這本書卻斷言，並不是習近平的中國，而是中國的習近平。書中主張，中國國民選出了習近平，只是沒有採取選舉的形式而已。

但如果真的是「中國的習近平」，那麼就應該可以回答以下問題。如果國民希望，習近平是否能隨時下台？在所有政策決定過程中，包括三連任等傳統中國集體領導體制正在崩潰，大量證據表明習近平正在回歸毛澤東的獨裁統治。習近平頒布了荒謬的「清零」政策，封鎖了二千五百萬人口的大城市超過一個月，並動用無所不能的權力，讓曾經飛黃騰達的大科技企業在一夜之間陷入深淵。實際上，大部分讀者都知道，中國正按照習近平的意志運轉，而中國人對他的暴走無能為力。他的一句話就能使中國補習機構的股價暴跌至十分之一，這樣的國家，無法被認為擁有正常的權力制衡與均衡制度。

3.韓國人為什麼希望美國在中美戰爭中獲勝？

如果說約一半的韓國國民持有美國必須獲勝的保守立場，那麼剩下的大部分人或許是因為不確定誰會獲勝，所以認為應該先與美國保持同盟關係，同時避免與中國關係惡化。

138 조중동의 프레임：朝鮮日報、中央日報、東亞日報的框架，這三家是韓國的代表性保守媒體。

大多數韓國國民都認為，中國的權力集中、人權踐踏、對少數民族的積極同化政策、侵略台灣的可能性、獨裁帶來的必然腐敗與創新低下等問題相當嚴重。韓國人之所以討厭中國，一方面是因為害怕中國，另一方面是因為他們明白中國是有能力摧毀韓國夢想的最強競爭對手。目前，中國在鋼鐵、造船、LCD和太陽能等領域已經超越了韓國，在半導體以外的所有領域對韓國構成威脅。而在電池領域，中國已經獨占鰲頭，韓國賭上國家命脈投資的電動汽車在韓國的市占率也日益下降，可見中國持續成長的趨勢。

這本書並未提到，韓國不僅在價格競爭力上落後於中國，在技術競爭力上也處於劣勢，而這種危機感是加劇反中情緒的重要因素。對韓國來說，中國已不再是每年背負數百億美元赤字的冤大頭。隨著半導體領域也可能被中國超越，許多韓國人對於隨時可能被強迫屈服的恐懼感極為強烈，這種恐懼感不會輕易消失。

4.美中衝突的所有責任都在美國？

這本書將美中衝突的全部責任歸咎於美國。也就是說，中國既沒有這個意圖，也沒有這個能力。那麼，美國的政治精英因為害怕中國崛起，單方面欺負中國的說法，究竟屬實嗎？中國從未展現出要將美國趕出亞洲並取代其地位的霸權主義嗎？當然，每個人的觀點和解釋可能會有所不同。

此前，中國抄襲美國技術、投資國家級駭客攻擊、假裝透過國際貸款幫助其他國家擴建基礎設施以試圖將其他國家打造成自己的經濟附屬國，還因南海問題[139]與東南亞國家發生公開衝突等，除了美國以外的其他國家也都深刻感受到了。美中衝突不再隱藏爪牙，中國的霸權主義認為不再需要隱藏，而美國則極力維護其絕對霸權，這是兩國共同的責任，絕對不是美國單方面的責任。

在所有人都在肆意批評中國之際，這本書勇敢發聲，這一點確實值得肯定。中美關係在經濟、政治、軍事和文化等各領域緊密相連，近年來卻急劇惡化。從投資的角度來看，這可以說是不確定性的增加。隨著美中關係的不確定性增加，許多人對投資環境和經濟前景感到擔憂。尤其是貿易紛爭長期化、技術開發競爭

139 指中華民國、中華人民共和國、越南、菲律賓、馬來西亞、汶萊、印度尼西亞對於南海海域、南沙群島、西沙群島和中沙群島的主權的歸屬、劃分和相關海洋權利的聲索產生重疊從進而發生的衝突。

的加劇、知識財產權保護問題等，抑制了投資信心，投資者們正在尋求更多元化的策略。他們正在擴大對美國和中國以外的歐洲、亞洲等其他地區的投資，並增加對房地產、藝術品和古董等非金融資產的投資。為了應對中國的風險，持有對中國的多元觀點比什麼都重要。

從中東戰爭的根源中汲取的教訓

一本揭示戰爭和衝突之地——中東根源的書籍

中東地區的伊斯蘭教與猶太教之間的衝突，擁有數百年的歷史，且在此衝突背景下，宗教、領土和資源等各種因素錯綜複雜。我們應該用什麼觀點來審視這種根深柢固的歷史背景呢？此外，在現代版十字軍戰爭中，我們可以學到什麼教訓？

越根深柢固、時間拉得越久，衝突就越難解決。從財富的觀點來看，我們需要接受複雜性為常態，等待複雜性帶來的市場暫時波動過去，並適時投入市場。因為雖然中東戰爭目前看似永無止境，但從長期來看，終將得到解決。在這個過程中，妥協與和解的價值將會逐漸顯現。

如果想了解中東地區戰爭和衝突的根源，這本《耶路撒冷的狂熱》（*Jerusalem,*

Jerusalem: How the Ancient City Ignited Our Modern World）是必讀之書。這本書曾獲選為二〇一一年美國最佳圖書，既可以歸類為歷史書，也可以歸類為社會科學書或宗教書。正如書名所示，這本書深入探討了政治和宗教的暴力問題，在相關主題中可以說是獨樹一幟。

作者認為，政治、宗教、暴力是人類文明歷史的三大軸心。耶路撒冷是這三條軸心交界，像活火山一樣噴發出火焰的地方。書中提到，一九七三年贖罪日戰爭（第四次中東戰爭）當時，以色列遭到突襲，並計畫對埃及與敘利亞使用核武器。如果真的使用了核武器，蘇聯勢必介入其中，美國自然也會參戰，最終引發第三次世界大戰，即人類最後的世界末日之戰（Armageddon）。身為猶太裔的美國國務卿亨利．季辛吉[140]阻止了這場災難的發生。當時，以色列證明了核武器的真正力量在於威脅要使用核武器，而非實際使用。哪怕只有少量的核武器，對於擁有核武的國家而言，這種超越性的力量是有保障的，這一點光是看北韓便可充分理解。

中東戰爭的責任在誰身上

這本書提到，一九四八年以色列在巴勒斯坦土地上宣布建國後，展開領土戰爭，隨後變質為一場永遠無解的自我催眠式戰爭。然而，這並不是以色列的責任，更不是受害者巴勒斯坦的責任，最大的責任在於西方基督教文明的反猶太主義。

西方基督教文明認為耶穌因猶太人被釘死在十字架上，猶太人注定要受罰流浪，這個論點已延續了二千年。也就是說，猶太人在西方文明和基督教文明中永遠是異鄉人。作者表示，儘管十字軍戰爭和獵巫行動等基督教在歷史上留下的污點不勝枚舉，但其中最大的錯誤就是，公然表達對猶太人的厭惡並詆毀猶太人。

最終，這成為了希特勒對猶太人發動大屠殺的根本原因。根據書中記載，以色列以大屠殺為中心奠定了國家的基礎，將希特勒所犯的罪行內在邏輯視為猶太

140 Henry Alfred Kissinger，一九二三～二〇二三，美國政治人物、外交官、政治學家，在理察・尼克森政府受到重用，先後擔任國家安全顧問和國務卿，倡導緩和政策，並為一九七二年尼克森訪華鋪路，促成新戰略性中美反蘇聯盟。

人記憶中永恆不變的支柱。希特勒也是以色列成為軍事化國家的原因，過去發生的悲劇隨時可能重演，因此以色列必須時刻為最壞的情況做準備。以色列變得如同吉哈德（Jihad，聖戰組織）和伊斯蘭國般好戰，但書中對此表示，「以色列始終受到一種誘惑，即試圖將所有敵人視為希特勒的轉世。」

好的宗教應該是什麼樣子？

《耶路撒冷的狂熱》的作者詹姆斯．卡羅爾（James Carroll）顯然認為基督教是一個壞宗教。正是因為如此，他在書末列出了好宗教的五個條件。從某種角度來看，他不僅對基督教持負面看法，對猶太教、伊斯蘭教等一神教本身也持相同態度。一神教導致對他人的排斥，創造替罪羊，最終演變為對替罪羊和他人的暴力。他對宗教提出了什麼樣的替代方案呢？

第一，好的宗教應當讚美人生，而非死亡。因為人類來到這個世界並非為了死亡，而是為了活著。這本書提到，宗教之所以珍貴，是因為它能夠對人類的有限性，以及因了解有限性而產生的內在痛苦給予安慰。基督教不僅讚美死亡，還透過《約翰啟示錄》強烈期盼人類的滅亡。對此，作者認為《約翰啟示錄》是耶穌去世後，以色列猶太人與羅馬展開聖戰時的極端文獻，基督教若想繼續存在，就必須「終結末世論與末日」。

第二，好的宗教應該追求神所創造的所有造物的合一。這個合一原則，也被稱為愛，應該在神的單一性範圍內被提及。除了慈悲、愛和寬容，任何形式的暴力都不應被容忍。即使這種暴力是以犧牲為名也不行。他主張，「神的單一性並不是一個數字孤獨存在的概念，而是造物主和所有造物合為一體的孤獨。」

第三，好的宗教應當出於啟示，而非救贖。換句話說，只有末世來臨和信者才能選擇性地得到救贖，這個理論本身就很矛盾。他主張，人類透過存在本身已經得到了救贖。

第四，好的宗教不應強迫。他堅定地表示，對神感興趣是出自良心的內心活動，因此不應有任何強迫。也就是說，基督教的傳教行為從根本上來看，是一種非宗教活動。

第五，在新時代，好的宗教反而可能帶有世俗性質。因為組織化的宗教在歷史上與暴力和不寬容息息相關，所以要想拒絕這種不好的宗教，就必須摒棄宗教的象徵和範疇等。也許他在某種程度上預設了非宗教的宗教。在這裡，世俗可以說是「對人類生活的理解」。

他最後警告稱，「如果宗教不改變，人類文明就會走向終結。任何違背愛這個遠古法則的信仰都要改變，滋生暴力的宗教也要改革。也就是說，所有宗教都需要永遠持續改革。」

印度真的能成為中國的替代方案嗎？

印度從未是一個國家？

首爾大學亞洲研究所教授姜成龍（音譯，강성용）是知名人士，也是經常受邀參加各種論壇和讀書會的講師。他是韓國頂尖的印度專家，專門研究古代印度哲學。雖然他是印度專家，但對印度持有批判性的觀點，尤其對印度能成為中國替代方案的主張提出質疑。姜成龍教授指出，印度的基礎設施過於落後和腐敗，難以成為中國的替代方案。根據姜教授的印度論，印度總歸一句就是，一團令人摸不著頭緒的「大混亂」。投資者吉姆．羅傑斯也因類似原因不看好印度的崛起，他認為印度從來就不是一個真正的國家。羅傑斯曾說過，印度不僅沒有單一民族，連印度作為一個單一國家的觀念都沒有。因此，印度難以取代中國。

如果上述主張正確，那麼印度國民的歸屬感並不來自於對國家的愛國心和自豪感，而是來自於對印度教等宗教集團和基於家庭的身分認同感。然而，首爾大學亞洲研究所與韓國調查機構（Korea Research）聯合進行的〈亞洲大城市價值調查〉，呈現了與預期不同的內容。該報告的〈集體自愛和民主主義〉篇中詳細闡述了全球十五個國家大城市的集體身分認同感。

你對國家有歸屬感嗎？

先來看一下韓國的情況。刺激對國家自豪感的各種內容層出不窮，從直觀感受來看，似乎很多人對此表示贊同並沉浸其中。然而，統計調查結果卻並非如此。僅有15%的韓國人回答「對國家感到最強的歸屬感」，在十五個國家中，這個比例是最低的。韓國人感到最強的歸屬感來自於家庭，有75%的人選擇了家庭。「韓國表面上看似是一個民族主義國家，但國民心中並無國家主義，只有家族主義。」朴魯學（音譯，박노자）教授的這番話在此刻顯得格外真實。

在十五個國家的市民中，選擇國家為最大歸屬感對象的比例超過60%的城市依序是新德里（76%）、耶路撒冷（71%）、河內（64%）和北京（63%）。雖然新德里不能代表整個印度，但根據上述調查，對國家的歸屬感最高的國家實際上可以說是印度。這個數值遠遠高於陶醉在習近平所提倡的偉大中華民族的中國，以及身為猶太人，對身分認同引以為豪、四面受敵的以色列。

在英國統治印度之前，印度分裂為信仰伊斯蘭教的蒙兀兒帝國[141]、信仰印度教的多個帝國，以及信仰佛教的錫蘭島（斯里蘭卡）。在受到英國統治的一百多年期間，他們產生了共同的敵人。目前長期執政的印度民族主義黨總理莫迪[142]將印度的所有弊端都歸咎在一個敵人身上，那就是「英國」的殖民主義遺產，並努力讓國家團結一致。

141 「蒙兀兒」即波斯語中「蒙古」一詞的轉音，因統治者是有察合台汗國貴族血統、波斯－突厥化的蒙古帖木兒王朝。

142 Narendra Modi，一九五〇～，印度政治人物，現任印度總理（第十四任），也是第一位在印度共和國建國後出生的總理。

從資本主義萌芽的大英帝國看資本主義的未來

日不落帝國——大英帝國

比特幣、元宇宙、NFT和股票投資都存在於一個共同的前提下，那就是資本主義不會崩潰，未來也將持續下去。為了瞭解資本主義的未來，首先必須瞭解過去的歷史。雖然有觀點認為資本主義源自於宋朝，但主流觀點認為資本主義始於十八世紀的大英帝國。英國的國土面積和人口規模與韓半島相似，但它卻成為了世界上第一個資本主義國家，這是為什麼呢？首先，我們透過規模來了解大英帝國是一個多麼了不起的國家吧。在以下三個國家中，過去領土最廣的國家是哪一個？

① 大英帝國
② 蒙古（成吉思汗時期）

③ 俄羅斯帝國（包括現在的波蘭）

雖然很多人可能會認為答案是②，但正確解答是①。大英帝國的領土多達三千五百萬平方公里，而蒙古帝國僅為二千三百萬平方公里，遠遜一籌。世界上最大的單一制國家俄羅斯帝國也只有二千二百萬平方公里。正因如此，日不落帝國非英國莫屬。

資本主義史上最重要的一年

世界頂尖的貧困專家傑佛瑞・薩克斯（Jeffrey Sachs）教授指出，一七七六年是資本主義史上意義非凡的一年。那是因為當年美國從英國獨立嗎？並非如此，資本主義史上還有比這更重要的事件。在一七七六年，資本主義的創始人亞當・史密斯透過撰寫《國富論》，正式開始宣揚資本主義的精神和本質。

亞當・史密斯不僅是資本主義的創始人，還是現代經濟學的奠基者，他強調「看不見的手」，並提出了一個理論——在沒有政府干預的情況下，市場中的需求者和供應者自由見面，在雙方達成共識的價格下銷售商品並完成交易。他主張，國家的任務就是合法保障這個權利。他還舉了一個例子——我們之所以能吃到麵包，並不是因為麵包師傅的利他心理或同情心，而是因為他們想要賺錢的私心。此外，亞當．史密斯不僅是經濟學家，也是倫理學家。在他年輕時寫的《道德情操論》中，他強調了同情心和人類的博愛，而非人類的利己之心和貪婪。因此，有人主張，他提出的看不見的手其實是雙「溫暖的手」，而非「冰冷的手」。

英國成為第一個資本主義國家的原因

亞當．史密斯和大衛．李嘉圖[143]等英國經濟學家們將「透過貿易累積國際財富」視為資本主義的另一個原則。史密斯表示，貿易有助於知識的傳播，最終會實現勢力的重新平衡。傑佛瑞．薩克斯教授還補充了兩點。其中之一是「能夠守護廣闊領土的強大海軍力量」。一般而言，由於多佛海峽的屏障，英國並未經常遭到外國入侵。當然，羅馬是第一個跨越海洋征服英國的外族；建立英國核心地區英格蘭的民族，則是來自丹麥和德國北部的日耳曼民族——盎格魯人和撒克遜人。因此，關於英國如同亞洲的日本一樣，完全未曾受到侵略的主張，我們完全可以提出異議。諾曼人是以法國北部為根據地的日耳曼民族的一部分，他們也曾征服過盎格魯－撒克遜統治的英格蘭。

如果說日本和英國有共同之處，那就是島國日本能夠成為亞洲最強國家的秘訣在於日本的海軍力量，而英國之所以成為大英帝國，同樣歸功於英國的海軍力量。英國在國家層面率先開始繪製地圖，幫助船舶能夠安全地在海上航行。英國皇家學會（The Royal Society）開始繪製世界地圖，則為英國正式在海外建立殖民地奠定了基礎。

孕育經驗論的英國大學

傑佛瑞・薩克斯將「大學」列為大英帝國繁榮並成為世界上第一個資本主義國家的另一個因素。英國的大學立足於經驗論，超越了「世界的本質是什麼」、「認知是什麼」等純理論探討，建立了旨在培養實用學問的教育制度。如果沒有創立

143 David Ricardo，一七七二～一八二三，英國政治經濟學家，被認為是最有影響力的古典經濟學家，也是成功的商人、金融和投機專家。

英國經驗論的法蘭西斯．培根[144]，大英帝國可能無法長期主導世界。

以實事求是和實用性為核心的經驗論傳統，必然成為推動該社會革新的力量。英國的經驗論逐步奠定了能夠發揮想像力的知識土壤。十八世紀英國詩人威廉．布萊克（William Blake）在詩中寫道：「現在已證實的，那時只存在於我們的想像中。」正如詩人所說，英國將想像中的事物化為現實。紡紗機、紡織機，以及工業革命的核心——蒸汽機，皆由此誕生。

最後，還有一個因素，那就是在自然資源相對稀少的英國，煤炭的儲量卻特別高，因此開採與使用都較為自由。英國自一八八二年在倫敦霍爾本高架橋地區建立世界第一座中央控制煤炭發電廠以來，一九九五年，煤炭火力發電占英國能源總量的46.5%，顯示出英國對煤炭的高度依賴。尤其是紐卡索和格拉斯哥地區擁有極為豐富的煤炭儲量。在九世紀左右，英國便成為歐洲最早發現煤炭的國家，如今，英國已將二〇五〇年全面實現溫室氣體淨零排放（Net Zero）列為法律目標。因此，目前僅存的三家煤炭發電廠也將陸續關閉，這可謂是大英帝國的輝煌痕跡在歷史中消失的一刻。

比特幣的炙熱人文學現象

比特幣能創造出鉅額財富的原因

獲得諾貝爾經濟學獎的美國耶魯大學經濟學家羅伯・席勒（Robert Shiller）在其著作《故事經濟學》（*Narrative Economics*）中解釋稱，比特幣之所以像現在這樣吸引大眾關注，是因為其背後蘊含了「無政府主義的復活」這個戲劇性敘事。《比特幣，智慧族譜》（暫譯，비트코인, 지혜의 족보）的作者吳泰民（音譯，오태민）也將比特幣視為一種人文學現象。他主張，比特幣的去中心化揭示了人類新的存在方式，因此讓人深深著迷。那麼，在比特幣中發現新的人類方式，究竟是什麼意思？

144 Francis Bacon，一五六一～一六二六，英國文藝復興時期哲學家、政要、科學家、法學家、演說家和散文作家，馬克思稱其為「英國唯物主義和整個現代實驗科學的真正始祖」。

幾乎沒有人會認為，比特幣只是憑藉區塊鏈這個劃時代的技術，就能創造如此巨大的財富。十九世紀的無政府主義曾與資本主義並列，成為卡爾．馬克思批判的對象，如今，它在二十一世紀透過比特幣華麗復活。無政府主義者，顧名思義，就是否定一切政府的人。就像約翰．藍儂[145]歌曲《想像》（*Imagine*）的歌詞中所唱：「試想一下沒有國家，就不會有戰爭，也不會再有殺戮。」那些抱有這種想法的人，就是無政府主義者。

托馬斯．霍布斯認為，在無政府狀態下，「人類將成為彼此的狼」，但尚－雅克．盧梭卻認為，「人類在自然狀態下是純然善良的」。無政府主義（Anarchism）否定的不僅是政府的權力，還包括宗教、社會、資本、軍隊等所有強制侵害個人自由的權力。與其說無政府主義者反對政府，不如說他們反對一切形式的權力。這種的無政府主義實際上主導了一九六〇年代末到一九七〇年代初在美國興起的嬉皮文化（Hippie）和反戰運動[146]。

無論比特幣的創造者中本聰[147]是日本人、美國人，還是一個人或一個團體，可以確定的是，他對以中央集權國家為中心的現代權力，尤其是金融系統持負面看法。即使我看不到他的表情，也可以推測出，他的想法深受十九世紀的無政府主義和二十世紀的嬉皮文化影響。二〇〇八年次貸危機[148]爆發後，在所有人都對華爾街的道德淪喪感到憤怒之際，他發表了一篇九頁的短篇論文。摘錄如下：

「理論上能夠在個人與個人之間流通的純電子貨幣，無需經由金融機構即可直接支付。雖然現有的數位簽名技術提供了部分實現這個目標的方法，但如果仍需依賴可信的第三方來防止雙重支付，那麼電子貨幣的核心優點將蕩然無存。在這篇論文中，我們提出了一種基於P2P網路來解決雙重支付問題的方法。」

由所有人共同參與的系統來保障，讓需要資金的人能夠直接進行交易，而中央銀行則藉此從交易手續費中牟取暴利，中本聰對此提出批判，他的問題意識與十九世紀的無政府主義者不謀而合。中央權力在監控銀行的同時，也在監視著國

145 John Lennon，一九四〇～一九八〇，英國著名歌手、詞曲作者，他作為披頭四樂團（The Beatles）的創始成員聞名全球。

146 「hippie」一詞源於二十世紀四〇年代的「hipster」（嬉普士），嬉皮不是一個統一的文化運動，它沒有宣言或領導人物。嬉皮用公社式的和流浪的生活方式來表達他們對民族主義和越南戰爭的反對，並提倡宗教和文化多樣性，批評西方國家中層階級的價值觀。

147 Satoshi Nakamoto，一九七五～，日裔美國人（聲稱）。其名字沒有官方漢字寫法，有些日本媒體寫為中本哲史，為比特幣協定及其相關軟體 Bitcoin-Qt 的創造者，但真實身分未知。

148 由美國國內抵押貸款違約和法拍屋急劇增加所引發的金融危機，亦重大影響到全球各地銀行與金融市場。

民。在這樣的背景下，比特幣追求的，是擺脫銀行束縛的自由，乃至擺脫政府束縛的自由。

比特幣的無政府主義本質

從財富的角度來看，應如何接受比特幣的無政府本質呢？從財富的角度來看，與其說比特幣是無序的，不如從中讀取自由主義的精神。也就是說，可以將比特幣視為一種減少對傳統金融系統依賴的手段。實際上，投資比特幣的有錢人認為，這有助於保護資產免受政府限制或通貨膨脹的影響，因此他們希望將部分資產換成比特幣儲存。比特幣能夠輕鬆跨越國界進行傳輸和使用，作為國際貨幣具有價值。因此，對於經營國際業務或投資海外的人來說，它是一種非常實用的貨幣手段。

比特幣每四年會出現一次名為減半的事件，為人們提供投資機會。在減半來臨之前，如果能把握比特幣停止下跌並再次出現V字形反彈的時機，就有可能躋身富人的行列。然而，務必牢記，比特幣同時也是波動性極高的資產。

比起美國總統，有錢人更聽聯準會主席的話

比南北戰爭更激烈的歷史時刻

從財富的角度來看，如果要在短短三百多年的美國歷史中挑選出最有趣的時期，答案不是南北戰爭，而是美國聯準會和日本財政當局之間的貨幣戰爭，還有韓國經濟開始崛起的一九八〇年代。在這個時期，人們關注的焦點不再是美國總統，而是由總統任命、形同中央銀行行長的聯準會主席。

在雷根[149]政府時期，美國聯邦準備制度由被譽為史上最偉大的主席保羅・沃克[150]

149 Ronald Wilson Reagan，一九一一～二〇〇四，美國共和黨籍政治人物，第四十任美國總統。

150 Paul Adolph Volcker，一九二七～二〇一九，美國經濟學家，曾擔任過財政部副部長、美聯儲主席，以及一九八五廣場協定簽署時的美方官員。二〇〇九年再次出任美國政府的經濟顧問，並提出加強金融監管的「沃克規則」。

掌舵。他與日本大藏省[151]官員出身的行天豐雄[152]共同撰寫的《時運變遷》（*Changing Fortunes*）一書，詳細講述了金本位制[153]崩潰後浮動匯率制的引入過程，以及美國、日本和歐洲的經濟金融政策制定者在此期間幕前幕後的博弈故事。在石油危機[154]導致原油價格飆升的當時，雖然無法避免通貨膨脹，但多虧了浮動匯率制[155]，這種衝擊得到了部分緩解和吸收。隨著浮動匯率制的引進，投機勢力獲利的機會也隨之增加，但作者行天豐雄在書中表示，由於市場波動性增加，投機勢力也不得不感到恐懼，他與投機勢力展開了高度的心理戰，試圖維持適當的匯率。

股價、利率和匯率中，最難預測的就是匯率。書中也有提到了購買力平價理論等影響匯率走勢的多種理論，但由於短期資本流動、各國之間微妙的利率差異等過度敏感的變數很多，因此準確預測匯率幾乎是不可能的。書中還收錄了對日本外匯交易員的採訪。他們就像股票投資者一樣，會考慮短期、中期和長期的各種變數，而這裡所說的長期，實際上僅只十分鐘左右。

從最富有的國家到最大的債務國

保羅・沃克擔任美國財政副部長與聯準會主席期間，經歷過尼克森（Richard Nixon）、福特（Gerald Rudolph Ford）、卡特（Jimmy Carter）以及雷根（Ronald Wilson Reagan）四位總統。在一九七〇年代，他為控制每年通貨膨脹率高達15％的世界，將利率提升至20％，在目前難以想像的艱困環境下完成了使命。通貨膨脹之後，經濟蕭條必然隨之而來。在一九七〇年代通貨膨脹後，美國在一九八〇年代陷入了經濟蕭條的泥淖。沃克竭盡全力遏制通貨膨脹引起的貨幣量增加。

一九八三年，他提出了「合理穩定物價」的概念，主張即使短期內承受巨大痛苦，只要能夠實現物價穩定，一切都是值得的。這成為了支撐聯準會三十多年

151 日本以前的最高財政機關，成立於明治維新時期，但在二〇〇一年已被重組為「財務省」。

152 一九三一～，日本大藏省前副相，廣場協定簽署時的日方官員，日本東京銀行（現東京三菱銀行）前主席。

153 一種貴金屬貨幣制度，於十九世紀中期開始盛行。在金本位制度下，每單位的貨幣價值等同於若干含重量的黃金（即貨幣含金量）。

154 因中東地區戰事因素導致石油價格飆升，也使歐美地區的經濟陷入恐慌的危機事件。

155 指由外匯市場或自由市場需求與供給來決定升貶的匯率制度。

的核心理論，直至不久前聯準會主席傑洛姆・鮑爾（Jerome Powell）發表平均物價目標制為止。平均物價目標制是美國央行於二〇二〇年十月為刺激因新冠疫情而陷入危機的經濟所推出的政策，其主要內容是即使物價漲幅平均超過2%，也可在一定期間內予以容忍。

一九七〇年代和一九八〇年代，共和黨主導政壇，民主黨的執政時間只有四年。韓國能夠幾乎趕上日本的關鍵時期，正是共和黨全盛時期的一九八五年。那一年，IMF會議在首爾召開。

對於透過控制物價並重振經濟而成功連任的雷根政府來說，美元強勢可說是眼中釘。然而問題是，美國日益依賴海外資本（現在是中國，以前是日本），導致國內儲蓄額也逐漸不足。當美國從最富有的國家變成最大債務國時，雷根開始陷入苦惱之中。美國的貿易逆差增加到一千億美元。而此時，日元匯率跌回一九七三年的水準，德國馬克也呈下跌趨勢。隨著兩個美國主要貿易逆差對象國的匯率下跌，貿易逆差規模迅速攀升至一千五百億美元只是時間早晚的問題。

當時迫切需要讓美元匯率下跌。日本出乎意外地配合日元升值。廣場協議[156]中代表日本的正是本書的合著作者行天豐雄。他為韓國超越日本鋪設了道路，對韓國來說是一位值得感謝的人物。多虧日元的升值，韓國的汽車和半導體獲得了價格競爭力，並積極進軍歐美市場。與此同時，儘管日元升值令日本出口企業叫苦不迭，但日本國民卻在海外大肆揮霍日元，在泡沫經濟[157]中享樂度日。

日本為什麼接受了廣場協議？

沃克如此回憶廣場協議：

「廣場協議確立了匯率政策，並透過持續干預為其提供支持。如果沒有財務部的支持和領導力，這絕對無法實現。」

雖然實際負責人是行天豐雄，但總負責人是後來成為首相的竹下登[158]。沃克回憶稱，他在會議上主動提出「允許日元升值超過10%」。當時，歐洲各國政府官

156 Plaza Accord，由美國、日本、英國、法國及德國五個工業已開發國家財政部長和央行總裁於美國紐約的廣場飯店會晤後，在一九八五年九月二十二日簽署的協議。目的在聯合干預外匯市場，使美元對日圓及德國馬克等主要貨幣有秩序性地貶值，以解決美國巨額貿易赤字。

157 Economic bubble，泡沫經濟經常由大量的投機活動所支撐，由於缺乏實體經濟的支撐，因此其資產猶如泡沫一般容易破裂。

158 一九二四～二〇〇〇，日本政治家，第七十四任日本內閣總理大臣。

員認為日元升值將進一步穩定他們的貿易競爭力，因此站在美國這一方表示歡迎。美元隨後下跌了25％。

當時的日本就像現在的中國一樣，對美國來說是敵國。雷根總統和由共和黨主導的國會忙於向日本及日本企業徵收高額關稅。由於前蘇聯的關係，在軍事和政治上最親近的兩個國家，在經濟上卻是對抗激烈的競爭者。

那麼，為什麼日本如此順從地接受日元升值呢？在日元升值導致出口企業競爭力極度下降的情況下，日本國民還是在大選中再次選擇了自民黨。這是因為，人們無法直接察覺本國出口企業的困境，但日元升值的好處卻是能切實感受到的。進口物價下降，消費者滿意度也隨之提高。隨著海外投資機會的增加，企業進軍海外的規模也在擴大。然而，儘管表面上看不見，但日本經濟卻慢慢陷入泥淖。截至一九八六年底，日本工業生產率連續九個月同比下降，一九八七年初，失業率更是突破3％。這在當時是一件極為罕見的事情。

投資者不得不關注聯準會主席發言的原因

正如我們所看到的，聯準會的貨幣政策不僅在美國，還會在全世界引起連鎖反應，所以聯準會主席保羅．沃克的發言有時候比總統的講話更受關注。聯準會主席在決定貨幣政策過程中扮演著關鍵角色，這些政策會直接影響利率、通貨膨脹和經濟成長等，還會引起股票、債券、外匯市場等的反應，進而對投資者的資產價值產生巨大影響。

此外，聯準會的決策大致上基於經濟數據和未來展望，因此在一定程度上可以預測，且聯準會也持續努力保持政治中立。這提高了政策的一致性和可信度，讓投資者能夠在穩定的環境中做出決定。聯準會的決策也會長期影響全球經濟，所以對於進行國際投資的人來說，這是一個絕對不容忽視的因素。

總之，由於聯準會主席的發言和決策對經濟和金融市場產生直接且即時的影響，眾多業界領袖和投資者都會密切關注。儘管總統的政策同樣重要，但其影響通常更長期且間接，與聯準會相比，很多時候是無法預測的。

特斯拉比愛迪生更常出現在有錢人書櫃中的原因

愛迪生和特斯拉的對決

有錢人的書櫃裡，哪一位科學家的書最常見？是愛迪生[159]？還是愛因斯坦？或許是尼古拉．特斯拉[160]。特斯拉是愛迪生永遠的競爭對手，也是超越時代的科學家。若僅論發明數量，特斯拉有二百七十項發明，而愛迪生有一千零三項，差距相當大。然而，現代的我們來說，帶來更多靈感的人物似乎是特斯拉。

在韓國出版的《特斯拉自傳》（*My Inventions*）雖然沒有成為熱門暢銷書，但一直維持穩定的人氣。這本書共分為三部分，第一部分是特斯拉在一九一九年六十三歲時所寫的〈我的發明〉，第二部分翻譯自他在一九〇〇年發表的論文〈提升人類能量所衍伸的問題〉，第三部分則概述了他的生平與發明。

班奈狄克・康柏拜區（Benedict Cumberbatch）主演的電影《電流大戰》（*The Current War*），以有趣的方式描繪了愛迪生與特斯拉之間的競爭關係。兩人在電影中的衝突也詳細地紀載在特斯拉的自傳中。愛迪生主張用直流電送電，特斯拉則在西屋電氣的支援下主張用交流電送電，雙方針鋒相對。結果，交流電輕巧、便宜，而且可以將發電廠建造在遠離消費者的地方，成為了最終的勝利者。一八八八年一場破紀錄的暴雪來襲，沉重的直流電輸電線不堪重負而倒塌，造成許多人死亡，這成為了直流電失敗的關鍵因素。

為了警告大眾交流電的危險性，愛迪生進行了一場公開實驗，他使用六千六百伏交流電裝置電擊一頭曾踩死飼養員的大象，將其處死。此舉意在廣泛宣傳交流電的危險性，卻遭到動物保護協會的強烈譴責。

159 Thomas Edison，一八四七～一九三一，美國著名科學家、發明家、企業家、工程師，擁有眾多重要的發明專利，以及知名能源產品集團奇異公司的創立者。

160 Nikola Tesla，一八五六～一九四三，塞爾維亞裔美國機械工程師、實驗物理學家，被認為是電力商業化的重要推動者，並因主要設計現代交流電供電系統而最為人知。

一八九三年，在芝加哥世界博覽會上，大規模電燈招標決定了勝負。當時愛迪生開出一百萬美元的報價，而特斯拉和西屋電氣的交流陣營則以五十萬美元的低價勝出，最終標下了點亮二十五萬個燈泡的合約。

此後，愛迪生遭遇了自己創立的公司ＧＥ在名稱上去除他名字的恥辱。ＧＥ原本代表愛迪生的「Ｅ」，後來被改為象徵電力的「Electric」。

特斯拉再次受到關注的原因

雖然這個說法存在爭議，但特斯拉似乎在馬可尼[161]之前便首次發明了無線通訊。此外，他還在倫琴[162]發現Ｘ射線的幾乎同一個時期，拍攝了Ｘ射線照片。

在無線通訊發明方面，特斯拉雖然是最早在美國申請專利的人，但眾所周知，實際上實現無線通訊的實用化和商業化的人是馬可尼。兩人發生糾紛時，馬可尼的財政支持者正是愛迪生。馬可尼還得到了安德魯·卡內基[163]的資助，但特斯拉找不到資助者，因此難以籌得訴訟費用。

特斯拉是一個充滿魅力且極具領袖氣質的人物。與之相比，愛迪生則更專注於事業，不太喜歡在公開亮相。特斯拉在自傳中強調了自己的信仰和禁慾主義，展現了透過歌德[164]的文學獲得科學靈感的人文學面貌。書中不僅引用了歌德的詩和小說，還引用了佛陀的語錄等，可以看出他為了追求跨領域視角所付出的努力。他終生未婚，並始終堅持素食主義。

若比較尼古拉·特斯拉和愛迪生，可以發現特斯拉在創新思考方式方面更具優勢。特斯拉雖然以劃時代的發明而聞名，但愛迪生則更專注於改善現有技術。此外，從未來展望的角度來看，特斯拉的遠見也更為突出。特斯拉預測並研究了無線電力傳輸等未來技術，而愛迪生當時則專注在開發符合市場需求的實用發明。特斯拉甚至在一九〇〇年代初期提到了「智慧型機器」的概念。雖然這個概念與

161 Guglielmo Marconi，一八七四～一九三七，義大利電氣工程師、發明家與商人，以發明基於無線電波的實用電報系統而聞名，並於一九〇九年與卡爾·布勞恩同獲諾貝爾物理學獎。

162 Wilhelm Conrad Röntgen，一八四五～一九二三，德國物理學家，因發現X射線而成為第一屆諾貝爾物理學獎的獲得者。

163 Andrew Carnegie，一八三五～一九一九，美國慈善家、企業家，二十世紀初的世界鋼鐵大王。

164 Johann Wolfgang von Goethe，一七四九～一八三二，德意志文學家、哲學家、美學家、自然科學家、批評家與政治人物。

現代意義上的ＡＩ並不完全一致，但他已經預見到機器或許能模仿人類思考的過程。他還提到「太空旅行」的可能性。從擁有超越時代的思想這一點來看，他可能是與達文西最為相似的人物。也許正是這種前瞻性的視角與不懈的挑戰精神，使他再次受到矚目。

為什麼要關注彼得．澤汗的地緣政治？

彼得．澤汗眼中的美國還有中國

有一本書主張：「美國沒有理由繼續扮演世界警察的角色，而世界將陷入弱肉強食的混亂狀態。」這本書就是美國地緣學家彼得．澤汗（Peter Zeihan）所寫的《世界不再是平的》（*The End of the World Is Just the Beginning*）。

書中提到，這一切的根源都在於歐巴馬政府時期開採的頁岩氣[165]。過去，美國之所以流血於海外，是為了確保波斯灣的石油安全；而由於頁岩氣的發現，這個理由已不復存在。在猛虎消失的無主之山中，狐狸、獾、猴子和黃鼠狼彼此爭鬥至死，這正是當前國際局勢的縮影。

165 shale gas，一種以游離和吸附為主要賦存方式而蘊藏於頁岩層中的天然氣。

準確預測了俄羅斯與烏克蘭戰爭的彼得．澤汗進一步指出，未來東亞將淪為血腥戰場。他預測，在中東地區，沙烏地阿拉伯和以色列將聯手對伊朗發動先發制人的攻擊，而全球將因接連爆發的戰爭而陷入動盪。

根據他的說法，避免東亞戰爭的方法就是中國在攻打台灣之前先行崩潰。彼得．澤汗認為，這種可能性非常高。書中分析，由於中國推行過致命的一胎化政策，無法避免人口老齡問題，這將導致經濟成長率的大幅下降。諷刺的是，中國的總和生育率雖然不高，但仍達到1.32人，遠高於韓國的0.78人。澤汗直指，韓國曾是全球化的最大受益者，也將成為全球化終結的最大受害者。

中國為什麼注定崩潰？

作者提出中國崩潰必然論的最大原因，就是總有一天會爆發的債務危機。中國經濟既不是消費型經濟，也不是出口型經濟，而是融資型[166]經濟。地方政府和處於殭屍狀態的企業所持有的數十兆債務，最終會爆發。

也有人認為，中國不可能因為稀土[167]資源而滅亡。作者也承認，中國透過將稀土成本壓低至一九八〇年代以前的四分之一，向全球供應，對全球數位革命做出了貢獻。然而，根據書中的分析，中國絕對無法用稀土威脅世界。因為稀土的實際價值並不在於相當常見的原礦中，也不在於近一個世紀前建立的提煉工廠中，而是在將稀土金屬加工成最終產品零件的作業中，而中國在這方面的實力並不突出。

中國雖冒著各種風險，提供補貼來生產稀土，但沒有一家中國企業能透過增值加工從中受益。稀土原礦並不稀有，加工過程也非秘密。自中國首次以稀土作為武器威脅世界以來，已經過去十多年。如今，南非、美國、澳洲、馬來西亞和法國都建立了備用的採礦和加工設施。他解釋稱，因為目前還能以低廉價格獲得中國的稀土資源，這些設施才沒有完全投入運作。但如果中國稀土資源明天立刻從世界市場消失，這些待機中的設施將馬上開始加工，幾個月內就可能完全取代中國的出口量，最長不超過一年的時間。

166 投資者向證券公司借款以購買股票的行為，通常用於放大購買力和獲取更高的潛在利潤。

167 Rare Earth，由十七種元素組成的家族，於十八世紀末被發現，因在當時十分稀少珍貴，加上其氧化物有難溶於水的土性，才被稱為「稀土」。具有優異的光、電、磁、催化等物理特性，也能與其他材料結合成為性能不同的新型材料，提高金屬的強度、韌性、耐熱性、耐蝕性等，一般常應用在高科技產品上。

自由市場主義者、有時公開反對習近平的李克強[168]卸任後，習近平再無反對者。我認為，如果習近平無法實現對中國人民的至少兩個承諾——超越美國成為世界最強經濟體以及統一台灣，那麼中國習近平的永久獨裁很可能會迎來終點。

在澤汗看來，大韓民國的未來同樣不容樂觀，但我希望讀者們能相信他的主張，即，大韓民國國民也擁有克服難關的不屈不撓的意志。韓國人最終必定能解決這些問題。

從準世界大戰級別的壬辰倭亂，看世界霸權的轉移

壬辰倭亂不能稱為「亂」的原因

美國歷史學家肯尼斯・斯沃普（Kenneth M. Swope）認為，我們稱為壬辰倭亂[169]的戰爭更適合稱為「第一次東亞戰爭」。這個說法頗有道理。首先，日本和朝鮮是不同的國家，所以「亂」這個詞不太恰當。亂主要是指一個國家內部的內戰或內訌。作為參考，也有人認為丙子胡亂[170]應該稱為「朝清戰爭」更為合適。「胡」

168 一九五五～二〇二三，中華人民共和國政治人物，原正國級領導人。

169 萬曆朝鮮之役，一五九二年至一五九八年間，大明、大明藩屬朝鮮國與日本（豐臣政權）之間爆發的兩次戰爭。明朝為抗倭援朝，先後兩次派遣軍隊進入朝鮮半島，與日軍作戰。朝鮮王朝方面稱「壬辰倭亂」與「丁酉再亂」，日本方面稱為「文祿慶長之役」。

170 又稱「丙子戰爭」，指一六三六年清太宗稱帝後不久，率領三十萬清朝軍隊攻打朝鮮的事件，這是滿洲政權第二次攻打朝鮮。

字意思是「蠻夷」，因此，有人認為這是基於「非漢族即蠻夷」的事大主義思想，這種說法也不無道理。

從當時的情況來看，壬辰倭亂不是局部戰爭，幾乎是一場準世界大戰，其證據如下。首先，這場戰爭的規模之大，以「亂」字來稱呼，顯然不合適。朝鮮的死亡人數為一百萬人，相當於當時人口的12.5％，日軍死亡人數則為二十萬人，規模相當大。包括明朝軍隊在內的話，共有近一百二十五萬人死於這場戰爭，當時不管是東方、西方，還是伊斯蘭文明，世界上沒有任何一場戰爭造成過如此大規模的死亡人數。如果按現代的人口比例換算，相當於超過一千萬人失去了生命。在我印象中，除了第一次世界大戰和第二次世界大戰外，沒有其他戰爭造成如此慘重的傷亡。

壬辰倭亂與第二次世界大戰的共同點

從這場戰爭的起因和形勢來看，壬辰倭亂與第二次世界大戰最為相似。壬辰倭亂始於豐臣秀吉[171]的誇大妄想，他試圖擺脫自己卑微的身分，並強化日本國內的政治權力。發動第二次世界大戰的希特勒同樣是個妄想家，也是渴望擺脫卑微身分的人物。如果說豐臣秀吉在被主君織田信長[172]提拔之前，是農夫的兒子，那麼希特勒則是幼年喪親的實際上的孤兒，並曾在奧地利的維也納過著漂泊的生活。希特勒為了壓制那些自負的普魯士將軍，與軍方發生衝突，最終引發了第二次世界大戰。壬辰倭亂和第二次世界大戰都隨著兩位狂人的死亡而結束。

另一個共同點是，結束瘋狂獨裁者妄想的人物，在此之前沒沒無聞，卻如彗星般登場。一九三七年，當時蘇聯軍隊的精神領袖、最高實權人物圖哈切夫斯基[173]被指為軍事政變的主謀，遭到史達林的肅清。不僅圖哈切夫斯基，十五名四星將

171 一五三七～一五九八，日本安土桃山時代公卿、天正末年至慶長初年期間日本的實際統治者，與同時代的主君織田信長、及創立江戶幕府的德川家康並稱為「戰國三傑」。

172 一五三四～一五八二，日本戰國時代至安土桃山時代的大名，推翻了名義上管治日本逾兩百餘年的室町幕府，使從應仁之亂起持續百年以上的亂世步向終結。

173 Mikhail Nikolaevich Tukhachevskii，一八九三～一九三七，蘇聯紅軍總參謀長、蘇聯元帥，為蘇聯軍事理論縱深作戰作出重大貢獻。

軍中有十三人也與他一同被處決。這個事件成為決定性契機，希特勒違背了對史達林的承諾，在他背後捅上一刀。然而，希特勒並不知道，還有一個比圖哈切夫斯基更可怕的存在隱藏著，他就是當時的白俄羅斯總司令喬治．朱可夫[174]將軍。一九三九年夏天，他暫時將戰場轉移至滿洲，在諾門罕擊潰關東軍，隨後回到歐洲，成功抵擋了列寧格勒，並阻止了德軍攻占莫斯科，最終在俄羅斯庫斯克徹底粉碎了希特勒的野心。

豐臣秀吉在戰爭初期也堅信，朝鮮已經沒有能與他抗衡的將領，尤其是海軍。因而，他預計無論是戰鬥還是後勤補給都會取得壓倒性的勝利。他並不知道李舜臣將軍[175]的存在，更無法想像這樣的將軍會在戰爭中出現，並改變戰局。

當然，兩場戰爭也存在差異。第二次世界大戰的開戰責任幾乎100%歸希特勒，他在德蘇戰爭中失敗，並在首都被奪走之前不得不選擇自殺。遺憾的是，豐田秀吉死於自然死亡，也就是病死。雖然死因有胃癌或梅毒等多種說法，但並未得到確認。作家遠藤周作[176]在小說《宿敵》中提出了一個驚人的假設。這部小說描寫了壬辰倭亂期間，朝鮮征伐先鋒小西行長[177]與第二次登陸朝鮮的加藤清正[178]之間的對立關係。反對戰爭的小西行長的夫人長時間引誘豐田秀吉喝下加入劇毒的茶水，最終導致他死於毒殺。當然，這只是小說家的想像。

世界最強軍力的正面交鋒

參戰國表現出的軍事力量也證明了這場戰爭達到了世界大戰的規模。當時日軍擁有世界最先進的火槍部隊，這些火槍超越了葡萄牙的原型，屬於最新型的改良武器。日軍在世界上首次將火槍部隊排成三列，在戰爭初期的陸戰中展現出無情的破壞力。日本擁有在長達百年的內部戰爭中積累實戰經驗的陸軍，以及精通戰術的將領。

174 Georgy K. Zhukov，一八九六～一九七四，蘇聯軍事家，蘇聯元帥，因其在德蘇戰爭上的卓越功勳，被認為是第二次世界大戰中最優秀的將領之一。

175 리순신／이순신，一五四五～一五九八，朝鮮王朝名將，日本入侵朝鮮時，李舜臣數次在海上戰術性擊敗日本人。

176 一九二三～一九九六，日本著名小說家、文學評論家和劇作家，以其獨特的日本天主教徒創作視角聞名。

177 一五五八～一六〇〇，日本戰國時代、安土桃山時代武將，第一任宇土城和麥島城城主。

178 一五六二～一六一一，日本安土桃山時代、江戶時代武將和大名，初代熊本藩主。

那麼，朝鮮的海軍如何呢？沒有人能否認，李舜臣將軍的戰術和龜船[179]的火力堪稱當時世界最強。日俄戰爭的時候，擊敗俄羅斯波羅的海艦隊的日本海軍名將東鄉平八郎[180]，聽聞有人將自己與李舜臣將軍相提並論，便作出如此的評價：

「如果是納爾遜[181]還有可能，但我根本無法與李舜臣將軍相比。」

那麼，中國的明朝呢？當時明朝正與緬甸交戰，北方則與清朝發生衝突。因此，明朝無法全力投入，但當時其所擁有的大炮，是改良自被譽為大炮始祖的荷蘭武器，具有世界頂尖水準。在一五九三年改變壬辰倭亂局勢的平壤之戰中，小西行長的先鋒隊在明朝將軍李如松[182]率領的炮兵隊面前潰不成軍，當時一萬五千名士兵中只有十分之一倖存。由此可見，當時日本與明朝聯軍的實力，可以說是當代最強軍力的代表。

戰爭對三個國家的影響

戰爭對這三個國家的影響非常深遠。朝鮮在屍山血海中經歷了最惡劣的饑荒，飢餓的百姓甚至互相殘食。事實上，在朝鮮的領導力完全崩潰的情況下，三十年後，朝鮮再次經歷丙子胡亂，逐漸走向亡國之路。

日本也經歷了完全的權力交替。豐臣秀吉忙於向朝鮮派遣自己與支持者的大名[183]軍隊，以至於無法牽制德川家康[184]——這位未參與朝鮮戰爭的二號人物。豐臣秀吉臨終前指示親信前田[185]，將他在名古屋的五萬私兵派往江戶攻擊德川家康，但前田沒有勇氣執行這道命令。最終，在豐臣秀吉去世之後，德川家康在關原之戰中擊敗了豐臣秀吉的兒子豐臣秀賴[186]及其勢力，並統治了日本三百年。

179 十五至十八世紀間，屬於朝鮮王朝板屋船級的大型戰船。

180 一八四八～一九三四，大日本帝國元帥海軍大將，在對馬海峽海戰中，率領大日本帝國海軍大破俄羅斯帝國海軍。

181 The Viscount Nelson，一七五八～一八〇五，英國十八世紀末及十九世紀初的著名海軍將領及軍事家。

182 一五四九～一五九八，明朝將領，遼東總兵李成梁之長子。

183 日本封建時代的地方領主或貴族。

184 一五四三～一六一六，日本江戶幕府時代的初代將軍。

185 前田利家，一五三九～一五九九，日本戰國時代武將，豐臣政權下五大老之一。

186 一五九三～一六一五，豐臣秀吉之子，側室淀殿（淀夫人）所生，娶德川秀忠之女千姬為妻，但和側室之間生有國松與天秀尼，官至正二位右大臣，豐臣政權的第三代家督。

中國明朝最終因戰爭衝擊而垮台，將中原拱手讓給北方異族清朝。許多不願受異族統治的漢族人民離開中國，分散至東南亞，成為今日完全掌控東南亞商業的華僑。

就像歐洲透過兩次世界大戰結束了其對世界的主導地位，美國和蘇聯主導的冷戰體系隨之展開一樣，第一次東亞戰爭也動搖了東亞三大強國的命運。明朝滅亡，朝鮮衰落，而日本則走上了鎖國之路。這或許正是東方失去世界主導權、西方開始掌控的轉折點吧？

另一方面，也不禁讓人產生疑問。如果肯尼斯教授將壬辰倭亂稱為第一次東亞戰爭，那是不是因為考慮到第二次戰爭的可能性？例如，令人擔憂的是，中國攻打台灣可能即將成為現實，隨之而來的，或許是駐日與駐韓美軍的參戰，進而引發第二次東亞戰爭。當美國太平洋艦隊參戰時，中國軍隊必然會攻擊位於平澤的美軍基地，韓國最終可能會與中國展開繼625戰爭之後的第二次戰爭，這種想像令人感到沮喪。

從豐臣秀吉到希特勒，再到普丁，歷史告訴我們，即便所有人都不願意，只要一名瘋狂的領導人做出錯誤的判斷，就可能會爆發世界大戰。當然，習近平比上述三個人更容易預測，因此我們可以稍微放心，他不太可能因為台灣問題而讓東亞成為戰場。習近平曾說過，「時間永遠站在中國這一邊」。因此，他或許更願意等待台灣因內部分裂而自行崩潰，而非訴諸武力。

187 即發生於一九五〇年至一九五三年間的「韓戰」，朝鮮人民軍於一九五〇年六月二十五日跨越北緯三十八度線南下入侵南韓。

俄羅斯—烏克蘭戰爭早在一百年前就已預告

烏克蘭失陷後的世界

活躍於十九世紀的哈爾福德・約翰・麥金德[188]是一位傑出的地緣政治專家。身為代表英國的地理學家，他展現了卓越的先見之明，竟預測到了今日烏克蘭和俄羅斯之間的戰爭。他的著作《心臟地帶》（*Heartland*）在韓國首次公開後，成為了一個很好的契機，讓我們得以確認他驚人的洞察力。以下是他的一段簡短引述：

「俄羅斯正對波蘭、斯堪地那維亞、芬蘭、土耳其、波斯、印度，甚至最近的中國施加壓力。就像德國在歐洲的角色一樣，俄羅斯在全球關係中處於戰略性中樞地位。換句話說，俄羅斯除了北方，幾乎可以向所有方向進攻，並同時面臨來自各方的攻擊。」

作者將俄羅斯、烏克蘭、喬治亞、亞美尼亞等地的草原地帶稱為心臟地帶。蒙古、突厥、俄羅斯和盎格魯撒克遜等圍繞著這個心臟地帶，展開了激烈的爭奪。由於位於地球的中心地帶，俄羅斯除了北方外，能夠向所有方向進軍，也有可能受到來自各方的侵略。

在這種情況下，日益強大的俄羅斯選擇了向西擴張。當時，俄羅斯正在與德國交戰，並與英美盎格魯撒克遜國家保持合作關係。麥金德預測，俄羅斯的擴張不久後將會威脅到盎格魯撒克遜。

如今，情況變得更加嚴峻。北約和美國深知，如果烏克蘭失陷，接下來將是波羅的海三國，隨後可能會是波蘭、捷克、匈牙利、保加利亞等東歐國家，因此，他們正竭盡全力支援烏克蘭，防止其崩潰。

188 Halford John Mackinder，一八六一～一九四七，英國地理學家、政治學家及經濟學家，他聞名遐邇的地緣政治理論的核心觀點為：「誰統治了東歐，誰就控制了心臟地區；誰統治了心臟地區，誰就控制了世界島；誰統治了世界島，誰就控制了全世界。」

海洋與大陸，哪一方將獲勝？

十九世紀後期，英國擁有世界上最強大的海軍，幾乎統治了整個世界。雖然麥金德是英國的學者，但他認為，在海洋勢力和大陸勢力的對決中，最終大陸勢力將會獲勝。他認為，最強的國家將會誕生在德國、俄羅斯或中國之中，其原因是人口數量。大陸勢力的人口是海洋勢力人口的十五倍。在距今一百多年前的那個時代，當每個人都認為美國是初升之日時，麥金德卻認為俄羅斯或中國的崛起將會比海洋勢力中的美國更為重要，可見他的先見之明極為卓越。

正如他所說，直到二十世紀初，英國一直將俄羅斯視為潛在的敵人，在日俄戰爭中幫助了日本，但隨著第一次世界大戰的來臨，英國開始與俄羅斯聯手，共同牽制德國。如果當時英國選擇與德國結盟來牽制俄羅斯，歷史會發生怎樣的變化呢？俄羅斯憑藉史達林強大的領導力和地理上的天然優勢，在第二次世界大戰中擊敗了無敵的德國，現在穩居世界第二，僅次於美國。雖然俄羅斯在常規戰爭中可能會落後於美國，但在核武力方面，它不會輸給美國。因為美國目前的防禦系統無法阻擋俄羅斯使用超音波導彈進行核攻擊。如今的俄羅斯不僅是全球最強的核武大國，還由極端民族主義者掌握政權，因此，無論是在二十世紀初麥金德所處的時期，還是在其他任何時刻，俄羅斯始終是一個極其危險的國家，更加展現出它的威脅。

美國最糟糕的情況

如果說《心臟地帶》是從地緣政治角度預測俄羅斯將帶來的威脅的書籍，那麼歷史學家阿爾弗雷德·麥考伊（Alfred McCoy）執筆的《美國世紀的陰影》（*In the Shadows of the American Century*）則是想像在不久的未來中國崛起、美國沒落的書籍。讓我們來看看在不久的二〇三〇年，美國將面臨的最糟糕情況是什麼樣子吧。

1. 第一種情況

二〇三〇年的最後十年，對美國來說，是物價上漲、實際工資下降、國家競爭力惡化，導致的退步的時期。隨著赤字如滾雪球般增加，美元將大幅貶值，最終在二〇三〇年失去作為主要貨幣的資格。隨後，從服裝到電腦等所有進口商品的價格將急劇上升。雪上加霜的是，美國的人口老齡化快速加劇，醫療費用占GDP的比例將從二〇一〇年的17.3%直線上升，如果這個趨勢持續下去，預計到二〇五〇年將達到30%。冷戰時期占7%的國防支出到二〇三〇年將終於跌至2%以下。國內的分裂日益加深，辛辛那提和聖路易斯等地將發生反中示威，並被巨大的星條旗所覆蓋。然而，隨著美國的同盟國全部瓦解，世界將靜靜地注視著美國的沒落。

2. 第二種情況

在中國經濟實力日益擴大的背景下，北京開始主張對從韓國到印尼的圓弧狀島鏈和水路擁有權利。華盛頓則主張對南海的主導權，並調動太平洋艦隊，導致兩國幾乎陷入戰爭邊緣。中國向美國發動了惡意程式碼戰爭。美國也拿出了撒手鐧——超級電腦製造的惡意程式碼進行對抗，但以完美保安著稱的中國量子計算機網路駭客攻擊失敗。數千枚導彈投向空蕩蕩的大海，這使得美國的無人航空武器實際上無效。白宮展開報復性攻擊。空軍司令官們向在四百公里上空盤旋的Ｘ－３７Ｂ宇宙無人機編隊發送導彈發射代碼。但是這次發射代碼也沒有效果。美國最終向中國發射戰術核武器，但該導彈也墜入太平洋。中國的網路力量讓一度無人能敵的美國軍事力量失去效力，從而獲得勝利。美國在第三次世界大戰中戰敗。

《美國世紀的陰影》的作者兼威斯康辛大學教授阿爾弗雷德・麥考伊預測，美國就像羅馬、亞歷山大、蒙古帝國和大英帝國一樣，終將走向沒落。他在書中預言了失去經濟主導權和軍事優勢的美國即將面臨的命運。即，霸權國家為了阻止新興國家的崛起會首先發動戰爭，這種被稱為「修昔底德陷阱」[189]的歷史模式將再次上演。身為左派知識分子的作者，將美國的沒落解釋為，美國自視為全球警察所做的各種暴行的因果報應。

一九四五年美國總統由杜魯門接任後，美國的大原則「只支持民主主義國家」的信念也隨之崩塌。只要是反對蘇聯、對抗共產主義的人，即便是毒販或屠殺國

189 Thucydides Trap，美國政治學者格雷厄姆・艾利森（Graham Allison）創造的術語，用來描述當新興強國崛起威脅到現有強國的國際霸主地位時，雙方越可能直接爆發戰爭衝突。

民的獨裁者，也能成為美國的夥伴，美國有時還會介入政變，將無數人推向死亡。美國的沒落就是對這種歷史性犯罪的應有懲罰。美國中央情報局（CIA）和德懷特・艾森豪時期成立的美國國家安全局（NSA）未能正確解讀世界各地的民族主義浪潮和民心變化，逐漸被認為是一個日益無能、無藥可救的組織。

美國和中國的經濟實力會逆轉嗎？

《美國世紀的陰影》第一部揭露了美國這個帝國主義國家，對菲律賓等殖民地國家，以及以同盟國為名義的準殖民地國家所犯下的殘酷罪行歷史。第二部展示了作者所認為的美國沒落的信號——以二〇〇三年伊拉克戰爭為契機浮出水面的酷刑歷史，並介紹了包括美國和同盟國在內，對全球進行監控的龐大情報監視系統——三重掩護（Triple Canopy）戰略。第三部分分析了歐巴馬外交政策試圖從中東撤出，並轉而牽制中國的得失。

雖然這是從地緣政治的角度預測世界歷史趨勢的好嘗試，但這本書更多展現了作者大膽的想像力，而非像約翰・麥金德的《心臟地帶》一樣展現出敏銳的洞察力。不過，作者認為中國與美國的經濟實力將會逆轉，這個判斷值得我們關注。從二〇一五年至今，如果說美國成長了50%，那麼中國則成長了三倍。在專利申請方面，二〇一四年中國超過美國，占全球專利申請的50%。此外，中國目前是世界上擁有最多超級電腦的國家，共有一百六十七台，超過擁有一百六十五台的美國。

作者表示，歷史的時鐘不會停止。美國是否會步英國的後塵，在不以戰爭為代價的情況下，安全地將全球秩序交給下一個霸權國家，以保護自身利益與繁榮，誰也無法知道。另外，在俄烏的戰爭結束後，俄羅斯是否會因此衰落，或對美國與西方國家的霸權主義和干涉感到不滿的第三世界國家，是否會袒護俄羅斯的行動，目前還不得而知。重要的是，在歷史不斷重演的過程中，以地緣政治為關鍵線索，為各種變數和機會做好準備。

房地產富翁依然閱讀房地產書籍的原因

政府也無法干預的理財手段

華爾街的英雄、傳說彼得・林區（Peter Lynch）等美國超級富翁一致認為，在投資股票之前，必須先置產。就像房地產投資專家「大峙洞兒童」（대치동 키즈）所著書籍的書名所示，「沒有一個有錢人沒自己的房子」，這句話可以說是超越國界的真理。對於已成家立業的三十歲、四十歲族群而言，如果沒有自己的房子，只能租房，每隔二年或四年就得搬家，那麼應該先專注在買房上，之後再考慮投資股票等，以創造資本收入。只有基本生活需求——衣食住行無虞，才能有餘力進行投資。除了彼得・林區之外，華倫・巴菲特也認為，買房帶來的心理穩定，對於股票投資所需的判斷力與決策力產生極

大影響。

在韓國，即使是對房地產投資採取強硬政策的政府，仍有一個領域不會隨意干預，那就是申購（청약），因為那是無房者買房的最佳機會。也就是說，不是以投機為目的，而是以實際居住者為主的住宅交易，政府提供了各種稅制優惠等支援。當然，如果想成功中籤，需要符合一定條件，例如，持續無房狀態達一定年限（十五年以上可獲最高三十二分）、扶養一定數量的家屬（六人以上可獲最高三十五分），以及累積六個月以上的申購資格（十五年以上可獲最高十七分）等。此外，在熱門地區，競爭往往極為激烈。許多有錢人剛開始也經歷過申購的階段。

為什麼必須學習申購？

《懂得越多，越容易抽中的申購技巧》（아는 만큼 당첨되는 청약의 기술）的作者兼申購專業講師鄭淑熙（音譯，정숙희）表示，申購不僅適用於自住，從投資角度來看，也是一個極具魅力的選擇。大部分人認為，申購不是透過抽籤就

是根據加分決定的，沒有必要額外學習，但實際上並非如此，甚至還存在像專門教拍賣的補習班一樣提高申購中獎率的補習班。

申購之所以具有魅力，是因為只要中籤並且有訂金，就可以開始。只要能提供收入證明，預售公寓的中期貸款就很容易獲得，即使在中期貸款受限的調控地區，也能透過多種方式籌措資金。此外，在首都圈以外的其他地區仍然允許轉讓預售權，因此可以藉此避免因持有房地產而產生的取得稅、財產稅、綜合房地產稅等多種稅費。作者表示，即使是在轉售受限的地區，仍然有獲利的機會。如果抽中轉售限制為六個月的公寓，可以先入住，等到兩年後入住時房價上漲，就能獲得價差收益。如果是自住者，貸款也可以根據入住時上漲的市價，而不是最初的預售價格來計算。作者表示：

「有些人以為，要購買價值五億韓元的公寓，就必須擁有五億韓元的資金，但實際上並非如此。申購和預售權的最大魅力在於實際投資金額較低。只要擁有相當於預售價10％或20％（限制地區）的訂金，就可以先嘗試申購。」

有些人因為擔心申購競爭激烈，還未嘗試就打退堂鼓。作者強調，此時應該關注人生僅有一次機會的特別供給。許多人認為自己既不是新婚夫妻，也沒有多個子女，更不是身心障礙者，所以誤以為自己不符合資格，但如果仔細閱讀申購公告，就會發現即使不符合上述條件，仍然有許多機會。

申購成功的第一步，就是尋找符合自己條件的特別供給。例如，有一種中小企業特別供給，作者將其比喻為蜜糖罐。只要在中小企業工作滿五年，即使不是無房者，也可以享受相關優惠。還有針對轉職人群給予優惠的轉移機構從業人員特別供給；如果和六十五歲以上的父母同住，則可以申請贍養老父母的特別供給。在現今通常與父母分居的文化中，這種條件相當稀有，因此即使加分較低，也是一個提高中籤率的好機會。

房地產人文學

在房地產領域，如果已經學習了申購，接下來就只剩下一個重要的課題——學習地理位置。《富豪地圖》（부자의 지도）的作者、房地產專家金學烈（音譯，김학렬）表示，如果將房地產視為一種投資手段，學習地理是必不可少的。他在

另一本著作《富豪的閱讀》中提到，賈德．戴蒙[190]的《槍炮、病菌與鋼鐵》（*Guns, Germs, and Steel*）等人文書籍，也是幫助培養房地產想法的好書。透過強國與弱國的差異，可以發現世界歷史的發展軌跡深深受到地理位置的影響。

此外，《以閱讀開啟房地產學習》（책으로 시작하는 부동산 공부）的作者Levian（音譯，레비앙）強調，房地產學習的核心，其實是研究人們希望居住的房子。因此，即使最終目標是江南的公寓，也應從分析自己所居住的地區開始，培養正確的判斷能力。他還提到，即使是去旅行，也不要只尋找美食餐廳和觀光景點，而應該去看看當地的房地產；與其開車繞行，不如搭乘社區公車繞著城鎮轉轉，或乘坐計程車向司機詢問當地情況。這不僅是地理學習，也是房地產學習的一部分。

實際上，韓國的有錢人更多是透過房地產賺錢，而不是靠股票。他們非常清楚，房地產投資的本質是人文學，而非經濟學。最大的原因是，無論是現在、過去還是未來，房地產的價值始終由「地理位置」決定。房地產能夠反映特定時代或文化的歷史和文化價值。因此，只要閱讀韓國的歷史書，就能找到江南公寓為什麼這麼昂貴的答案。這可以追溯到從高麗時代以來延續的儒家傳統，以及透過學問實現功成名就的意志。

此外，房地產不僅是單純的投資標的，還是人們生活、工作和互動的空間。這種空間體驗同時兼具實用性和審美價值。空間體驗本身帶有主觀性，無法從經濟的角度加以解釋。居住用房地產可以提供對特定社區的歸屬感和安全感，還能發揮傳承世代間文化與價值的功能。

因此，想透過房地產賺錢的人，不僅需要將房地產轉化為經濟價值，還需要以人文學的視角來看待它。

190 Jared Diamond，美國演化生物學家、生理學家、生物地理學家以及非小說類作家。一九八五年獲得麥克阿瑟獎，代表作《槍炮、病菌與鋼鐵》於一九九八年榮獲普立茲獎。

PART

4

有錢人在文學中描繪資本主義的未來

如果沒有西方，資本主義是否能出現在世界史上？

想像一個沒有歐洲的世界

伊隆．馬斯克、傑夫．貝佐斯和馬克．祖克柏，這三人有一個共同點，那就是他們都是文學愛好者，特別是科幻文學的狂熱粉絲。他們特別喜歡我接下來要介紹的這位替代歷史小說作者的作品。替代歷史小說通常被歸類為科幻小說，但其成功與否往往取決於作者的歷史知識和對歷史的理解，而非依賴科學想像力。

憑藉《火星三部曲》等作品兩度榮獲雨果獎長篇小說獎的美國作家金．史丹利．羅賓遜（Kim Stanley Robinson）所寫的《米與鹽的年代》（*The Years of Rice and Salt*），基於這樣一個假設——當黑死病在歐洲肆虐時，並非僅造成一半人口死亡，而是幾乎導致整個歐洲人口滅絕。歷史上白人，也就是西方，徹底消失，伊斯蘭、中國和印度等東方國家的歷史成為了世界史的全部。

作者金·史丹利·羅賓遜是美國民主黨的支持者，持政治左派立場，他的妻子是一位主修環境毒理學的科學家，積極地為環境問題發聲。正因這樣的背景，他才能夠挑戰如此令人震撼的主題。

這部小說的登場人物和歷史事件巧妙地結合了虛構與事實，使故事更加引人入勝。在歷史敘述的過程中，作者還加入了被稱為「中有」（Bardo）的靈界，作為輪迴的通道，增添了奇幻元素。

小說的架空歷史背景橫跨約七百年的時光，從一三〇〇年代後期殘酷摧毀中亞城市、進行大屠殺的帖木兒帝國崛起開始，一直延續到二十世紀穆斯林與中國之間爆發的世界大戰。在這段歷史中，小說中的人物透過佛教的輪迴轉世，以不同的樣貌不斷出現，只有更換姓名。

作者對東方歷史的知識和思想理解令人欽佩，實屬難能可貴。然而，來自基督教文明圈的美國讀者不太喜歡這樣的題材，再加上該書出版於911恐怖襲擊事件後，因此未能像前作《火星三部曲》系列那樣受到廣泛關注或取得市場成功。

當時的反伊斯蘭情緒達到高峰，小說中對伊斯蘭文明與宗教的正面描寫可能引起了人們的反感。然而，對於作家來說，這種氛圍或許反而刺激了創作慾望。作者如此評價了伊斯蘭教的宗教魅力：

「在這個發展不平衡、充滿不平等的世界裡，伊斯蘭教主張，不論年齡、性別、職業、種族和國籍，所有人在神面前一律平等。這正是伊斯蘭教的魅力所在。在最重要的領域，也就是不朽的靈魂領域，一切不平等都歸於虛無。」

小說中的伊斯蘭

初期的伊斯蘭教與現在相比有很大不同，當時既具包容性，也允許選擇的自由。小說中有一幕，哈里發迎娶了一位來自英格蘭的懷孕白人女性，並指示她好好撫養孩子，以保護白人的血統。從歷史上伊斯蘭教的發展來看，無論種族或國籍，人人都享有平等，這個描述相當接近事實。尤其是，由於不受種族問題的束

191 二〇〇一年九月十一日發生在美國本土的一系列襲擊事件，美國政府定性為「自殺式恐怖襲擊事件」，蓋達組織承認發動此次襲擊。

縛，麥爾坎．X[192]、穆罕默德．阿里[193]等美國著名黑人人物都改信伊斯蘭教。

然而，伊斯蘭教對占人類一半的女性是否也一樣平等？書中的後半部分提到，穆斯林在與中國的戰爭中失敗後，內部改革的呼聲開始出現。此時，內部掀起了反省的聲浪——「伊斯蘭教缺乏對女性的權利保障，導致一半人口淪為無所作為的無知牲畜，同時也帶來了我們在戰爭中的失敗。」

小說中，中國雖然在與穆斯林的戰爭中勝利，但卻無法統治全世界，原因在於印度和美洲的文明。這些文明在伊斯蘭與中國之間發出了不同的聲音，成為第三、第四文明，尤其是印度文明的崛起極為顯著。根據描述，蒸汽船等工業革命技術起源於擅長數學的印度，隨後傳入中國與伊斯蘭世界。

作者將日本的存在比喻為歐洲文明中的猶太人，這一點也值得關注。因中國的侵略而失去國家的日本人漂泊於世界各地，有時與印度人聯合，有時與北美印第安人合作，強烈抵抗中國與伊斯蘭文明。尤其是集體移居印度的日本人對印度的科技發展做出了巨大貢獻，就如同生活在德國的猶太人對西方的物理學和數學做出了巨大貢獻一樣。

遺憾的是，作者沒有提到韓國。書中僅提到因壬辰倭亂而遭受巨大損失的內容，但不禁令人好奇，如果沒有西方，火槍沒有從西方傳到日本，是否還會發生壬辰倭亂？

人類無論如何都會進步

這本書中始終如一主張，即便沒有西方，人類的科學技術仍然會進步。書中描寫了一位伊斯蘭科學家在伊斯蘭女王面前，逐一說明亞里斯多德在某些方面的錯誤，這讓人不禁想像，即使伽利略不在歐洲出生，也有可能在中東或印度出生。在關於光速和本質的辯論中，也暗示了愛因斯坦可能在西方歷史以外的其他背景中出現。

當然，民主主義和自由主義等理念在中國強大的專制君主體制和伊斯蘭教的政教合一社會中難以立足，但小說中卻出現了日裔中國革命家朱一紹（音譯，

192 Malcolm X，一九二五～一九六五，非裔美籍伊斯蘭教教士與非裔美國人民權運動者，被視為美國最偉大與最有影響力的非裔美國人之一。

193 Muhammad Ali，一九四二～二〇一六，美國男子拳擊手，一九九九年被體育畫報雜誌評為世紀最佳運動員。

이사오），描述了在中國社會發生革命與變化的情景。

作者最終想傳達的訊息或許是，不能因為民主主義、自由主義、人類尊嚴、科技進步和資本主義等的歷史先從西方開始發展，西方就感到優越或自滿。無論是古代、中世紀、近代還是現代，我們都應該理解這些歷史是所有人類共同推動的進步與發展，這就是作者想說的話吧？如果意識到社會的發展與技術的進步並非某個社會的特徵，而是人類的普遍命運，那麼我們對現在享有的民主主義與資本主義的信任就會更加深厚。

從朴景利的小說中喚起韓國人對土地的本能

韓國人熟知卻不瞭解的《土地》

大概沒有韓國人不知道作家朴景利[194]的《土地》（토지）。那麼，究竟有多少韓國人讀完這部長達二十本的長篇小說呢？尤其是熱衷於比特幣、元宇宙和NFT的二十幾歲和三十幾歲人群中，讀完朴景利《土地》的人似乎不多。然而，這部小說是韓國文學史上的不朽名作，這樣的事實，儘管隨著歲月流逝也不會改變。

《土地》從一八九七年開始，距離東學農民運動[195]在日軍機關槍下壯烈犧牲已

194 박경리，一九二六～二〇〇八，韓國女小說家，《土地》被譽為韓國最優秀的長篇小說，並被改編拍成電視劇、電影、歌劇，和韓國傳統的唱劇。

195 十九世紀下半葉在朝鮮發生的一次反對兩班貴族和日本等外國勢力的農民武裝起義運動，是中日甲午戰爭的導火線。

經兩年。在慶尚道河東的平沙里，家財萬貫的崔參判家族是連續五代的世襲地主。主導整部小說的主角是崔參判的女兒西姬。《土地》是一部生動描繪崔參判家族與村中農民生活的作品，展現了十九世紀安靜的朝鮮逐漸覺醒的過程，是一部充滿動感的大河小說。小說以廣島原子彈爆炸、日本帝國主義投降，以及朝鮮獨立畫下句點。

閱讀對土地的執著

這部小說雖然具備近代與傳統衝突的這個根本主軸，但從投資者的角度來看，這本書也能以另一種方式來解讀。換句話說，在失去國家、被迫進行壓迫性的近代化過程中，韓國人並未放棄對土地的執著。也就是說，我們能夠真切地感受到，對韓國人而言，土地不僅比資本主義更為熟悉，比股票投資更具吸引力，還是一個擁有深厚情感聯繫的投資對象。

每當進步政權執政時，房地產通常被視為非生產性投資，並強烈主張國家應該收回超額利潤。然而，為什麼公寓價格依然不斷上漲？這部小說透露了其中的根本原因。經歷過五十年近代史的韓國人，大多對自己出生的土地和生活空間懷有深厚的情感。當然，朴景利認為，不僅對土地的執著是徒勞無益的，對資本、權力和名譽的執著也是如此。因此，書中的烏關法師看到執著於世俗的後輩慧關法師時，內心充滿了惋惜。

然而，對於投資者來說，比起對金錢懷有偏見，對金錢懷有熱愛更為重要。正如擁有人文學背景的歐洲頂尖投資者安德烈．科斯托蘭尼[196]的著作書名一樣，金錢是「必須熱愛」的存在。事實上，金錢並不區分為生產性金錢和非生產性金錢。當然，從國家整體來看，對於以出口經濟為主的韓國來說，股市繁榮是理想的，因為這樣可以將利潤回流至企業，從而增加設備投資並創造就業機會。

但是，房地產投資早在資本主義之前、人類歷史開端時便已存在，從這一點來看，對土地的投資已超越道德層面，似乎更像是我們的本能。在閱讀《土地》

196 André Kostolany，一九〇六～一九九九，出身奧地利和匈牙利、長年活動於德國、法國等地的投機活動從事者和作家。

這部小說時，我不禁想起了韓國股票投資界的頂級明星講師——史景仁（사경인）會計師的主張。他說，雖然股票投資和房地產投資都很重要，但如果必須選擇其一，他會選擇房地產。

房地產和股票，哪一個出現更高的漲幅？

事實上，自二〇二〇年東學螞蟻運動[197]以來，幾乎所有出版的理財書籍中，專家們都強調股票投資。回顧過去，韓國綜合股價指數的股價上漲率比江南的公寓上漲率更高，因此「股票是答案」。然而，史景仁會計師反駁稱，這個主張一半對一半錯。分析表明，是否將二〇二〇年這個股票狂潮年份納入其中，結果會完全不同。根據統計的起始和結束時間的設置，數值也會隨之波動。如果將時間序列設定為從一九九〇年開始，最後一年為二〇一九年，那麼韓國綜合股價指數的上漲率不僅低於江南公寓，甚至低於全國公寓的平均上漲率，或者低於上漲率更低的江北公寓平均水準。股市波動極端，每年的差距幅度都很大。

實際上，從一九八六年到一九九〇年，股票上漲了450％，但公寓僅上漲了50％。當時，若進入證券公司工作便會被稱為「證士」，可見證券公司的人氣之高。之後，從一九九〇年開始，經歷了ＩＭＦ危機和前總統金大中掀起的風險投資熱潮，股價再次上漲；然而，在二〇〇一年，科斯達克指數從一千點下降至五百點。由於二〇〇〇年本來就是低點，因此若將二〇〇一年設為起點，股市的上漲率將會非常驚人。

為了進行更精確的比較，史景仁會計師比較了政府每月公布的房地產價格指數和韓國綜合股價指數。在計算五年的收益率時，從二〇〇一年到二〇一六年的十六年間，準確地進行了一百八十次比較，結果顯示，韓國綜合股價指數贏了一百三十三次，而房地產則贏了四十七次。也就是說，每四次中有三次股票的表現更好，但差距並不大，只有1％到2％。這裡需要考慮的是，投資者花費的時間和精力。即，在承受兩、三倍心理折磨的情況下，選擇收益率僅高出1～2％的股票，未必是最佳選擇。

197 散戶在韓國被稱為「螞蟻」，嚴重特殊傳染性肺炎疫情之後，大量韓國散戶開設股票帳戶，在疫情初期韓國股票暴跌，大量韓國散戶購入韓國股票，讓股市穩定下來，事後散戶的行為被稱為「東學螞蟻運動」。

房地產投資的優勢之一就是能夠安穩入睡，這是股票投資所無法提供的。雖然從名義上來看，認為房地產不應該成為投資手段，因為它對人類的生存至關重要，這樣的觀點是正確的。但我們從經驗中深刻認識到，道德理論未必能轉化為成功且切實可行的政策。

崔泰源董事長向員工推薦《太白山脈》的原因

趙廷來和村上春樹

一九八〇年代的大學生分為兩類：一類讀趙廷來[198]的《太白山脈》（태백산맥），另一類讀村上春樹的《挪威的森林》。當時，人們稱前者為民主運動陣營，後者為非民主運動陣營。當然，也有像我這樣兩部作品都讀過的人，但那個時代似乎迫使人們在兩者之間做出選擇。

兩部小說的差異，雖然與趙廷來和村上春樹這兩位作家的個人風格有關，但從根本上看，這是他們以衝突論還是功能論的觀點看待世界的差異。《太白山脈》

198 조정래，一九四三～，韓國小說家，以《太白山脈》、《阿里郎》和《漢江》等暢銷小說而聞名。

是一部由進步和保守的衝突、南北衝突、地主和農民的衝突、資本主義和共產主義的衝突等根本性衝突構成的小說。但是村上春樹的小說中，幾乎看不到明顯的衝突。村上春樹曾一度是日本反政府大學生運動圈組織「全學共鬥會議」[199]的成員，但某個時刻之後，他徹底放下了對政治和勞動運動的關心，轉而沉浸於內心的世界。

那麼，更接近投資者觀點的是趙廷來還是村上春樹？由於資金往往流向衝突發生之地，以及努力解決衝突的過程，因此更符合投資者視角的，應該是直接揭示衝突的趙廷來的小說。SK集團董事長崔泰源因此在讀完趙廷來作家的《太白山脈》、《漢江》和《阿里郎》後，積極向員工推薦這些作品。他的目的是希望員工關注小說中的衝突，尤其是社會衝突。

《太白山脈》中最主要的衝突，是廉尚珍和廉尚九兄弟之間的衝突。廉尚珍象徵著理想主義的知識分子，而廉尚九則反對哥哥所支持的理想主義，成為了一名反共青年，專門處決共產主義者。這種廉尚九的現實主義雖然在現今已經被淡化，但仍然存在於韓國社會中，成為尚未完全消散的衝突。

廉尚珍認為，為了革命這個大義，小義的犧牲是完全可以接受的。他在處決兩名因畏懼死亡而想投降的游擊隊員之前，曾陷入了苦惱之中。他明知自己是一名人道主義者，但也深刻認識到，人道主義需要透過革命這個課題，在與過去徹底切割的血腥鬥爭中才得以實現。為了避免自己動搖，他最終做出決斷，處決了這兩名他珍惜的戰友。

而弟弟廉尚九，是懷著什麼樣的哲學觀加入右翼陣營呢？其實他並非因為某種哲學，而是出於本能，僅僅是為了生存。對他來說，名分和大義並不重要，只有生存才是首要的。他在現實中深刻體會到，親日派仍然比民族主義者更有權勢，而親日派背後有當時被視為世界最強大國家的美國支持。因此，他成為了右翼的爪牙，獵殺游擊隊，拷打並殘殺左翼家屬。從某種角度來看，與其將廉尚九歸為右翼和保守的意識形態，不如稱之為機會主義者更為合適。

199 簡稱全共鬥，是日本各大學的學生運動團體在一九六八、一九六九年實行包括路障封鎖、罷課在內的實力鬥爭之際，由崩得系、三派全學連等組成的跨學院跨黨派組織的大學內部聯合體。

廉尚九的大韓民國發生了什麼事？

讀過小說的讀者都知道，在故事最後當廉尚珍死後，警察們將他的屍體示眾於筏橋街頭，並對屍體加以毀壞，目的是要引起居民的恐懼心理。就在此時，廉尚九第一次與這些警察對抗，他在收殮哥哥屍體時所說的話，反映了作者的主題意識。

「活著的時候才是赤色分子，難道死了還是赤色分子嗎？」

在一九八〇年代的軍政時期，作家趙廷來曾被指控為親北共產主義者，甚至有政權試圖禁止販賣其小說。然而，趙廷來作家堅持的是典型的民族主義視角，他認為民族作為家庭的大共同體，應該優先於共產主義的理念。

那些曾經像是廉尚珍這樣的人，隨著歲月的流逝，不知不覺間變成了廉尚九，如今的韓國社會存在哪些衝突呢？在一個所有人都承認金錢至上，並赤裸裸地崇拜金錢的社會中，意識形態衝突已不復存在。相反，衝突轉移到了世代之間。目前的韓國社會中，既有六十歲以上的中老年群體，也有與之抗衡的四、五十歲群體，以及對兩者都持批判態度的二、三十歲群體。在上次國會選舉中，二、三十歲群體與總統選舉時的投票傾向不同，支持了父輩的立場，從而促成了在野大黨的誕生。錯綜複雜的世代衝突並未結束，今後也勢必會持續下去。

在世代衝突愈演愈烈的現在，我們正在各種選項之間進行抉擇：是該增加福利，還是維持現有水準？是進一步加速經濟成長？還是暫緩發展以環境優先，為未來著想？

這些問題之所以難以解決，是因為這些衝突的解決方案從根本上來看就是矛盾的。要增加福利，就必須繼續推動經濟成長，不斷做大「蛋糕」；然而，主張增加福利的立場往往偏向選擇環保，即便發展速度較慢，也要朝著與自然共存的方向邁進。換句話說，資本主義需要自我收縮。

然而，目前為止，還沒有能夠同時滿足這兩種需求的方法。當然，像主張資本主義革新的約瑟夫·熊彼特[200]以及二〇一九年諾貝爾經濟學獎得主威廉·諾德豪斯[201]這樣的學者樂觀地認為，資本主義最終能夠開發出一箭雙鵰（兼顧環境與經濟成長）的技術，但同時，也有許多人對此抱持懷疑。

200 Joseph Schumpeter，一八八三～一九五〇，奧地利政治經濟學家，是二十世紀初最具影響力的經濟學家之一。

201 William Dawbney Nordhaus，一九四一～，美國經濟學家，二〇一八年諾貝爾經濟學獎得主。

有錢人閱讀莎士比亞的方法

西方的三國志——莎士比亞

華倫．巴菲特、比爾．蓋茲、伊隆．馬斯克、歐普拉．溫芙蕾[202]、麥可．彭博[203]、馬克．祖克柏。這些人物來自不同的種族，包括雅利安人、黑人和猶太人等，儘管種族各異，但他們有一個共同點，那就是他們從小開始閱讀莎士比亞，至今仍將莎士比亞視為最偉大的文學作品。

正如東方的有錢人無法討論書籍而不提《三國志》，西方的有錢人也絕不會忽視莎士比亞。巴菲特曾熱愛《哈姆雷特》，但隨著年齡的增長，他越來越喜歡《李爾王》；比爾．蓋茲則偏愛《亨利四世》、《凱撒大帝》等歷史作品。他們一致認同，想要成為有錢人，就必須讀莎士比亞。

實際上在美國，莎士比亞與高等教育息息相關。精英名校會深入學習莎士比亞的作品，不僅僅是單純閱讀作品，更會深度理解其文學、歷史和哲學背景。此外，富裕家庭還會聘請家教或文學專家，深入研究莎士比亞的作品。他們之所以重金投入這類課程，是因為他們期望子女在了解金錢之前，先學會理解人性。

閱讀莎士比亞的無期徒刑犯

《莎士比亞拯救了我》（*Shakespeare Saved My Life*）是文宥碩法官[204]曾提及，他與同事法官們共同閱讀並進行討論的書籍。作者勞拉·貝茨（Laura Bates）是印第安納州立大學英文系教授，從一九八三年到二〇一〇年，她在監獄中為囚犯

202 Oprah Gail Winfrey，一九五四～，美國脫口秀主持人、電視製片人、演員、作家和慈善家。美國最具影響力的非洲裔名人之一，時代百大人物。

203 Michael Rubens Bloomberg，一九四二～，美國商人，第三代俄羅斯猶太移民，彭博有限合夥企業創始人。

204 문유석，一九六九～，韓國前法師、律師，現為知名編劇、作家，代表作有《惡魔法官》、《漢摩拉比小姐》。

教授莎士比亞，進行了近三十年的志願教學。其中，她特別為關押在「Supermax」高戒備監獄中的囚犯授課，這些囚犯大多為無期徒刑犯，且多被單獨監禁。這本書講述了作者與一名十幾歲時因殺人被判無假釋的無期徒刑犯——拉里・牛頓（Larry Newton）之間的人性交流與對話。拉里出身於不幸的家庭，幾乎沒有接受過正規的學校教育，因此對莎士比亞毫無所知。然而，在聽課後，他開始陷入書籍的魅力中，後來不僅分析了莎士比亞的作品，還撰寫了關於法律、人性、罪惡與良知等精采的隨筆作品，他的文章甚至透過勞拉教授被刊登在雜誌上。拉里・牛頓曾表示，莎士比亞拯救了他的人生，他的目標是在監獄裡攻讀學位，並最終獲得博士學位。

多虧了勞拉教授開設的莎士比亞課程，監獄裡的衝突與暴力事件大幅減少，囚犯們變得更為溫和，與獄警的衝突也顯著減少。這個成果受到媒體的廣泛報導，好萊塢電影公司也開始對此產生興趣。

勞拉教授在課程中最常使用的教材是囚犯們最能產生共鳴的《馬克白》，她也很喜歡使用《哈姆雷特》和《羅密歐與朱麗葉》。除了讓囚犯們朗讀台詞並交流想法的課程外，她還嘗試編寫學習手冊，甚至改編莎士比亞的劇作，探索多種教學方式。

勞拉教授為什麼會開始這項工作呢？是為了驗證莎士比亞的力量和魅力嗎？還是因為身為教育者，懷抱影響並改變他人的熱情？也許兩者皆有。監獄中的囚犯，尤其是殺人犯，或許是最能代表人性黑暗面的人。而美國監獄或許正是檢驗莎士比亞對人性的見解，是否具有超越時代的普遍力量的最佳場所。

在閱讀莎士比亞的過程中，拉里．牛頓等囚犯們開始反思自己的行為，並意識到他們所犯的罪行並非純粹出於本能，而是錯誤選擇的結果。勞拉教授表示，支撐她持續從事這項工作的，是一種使命感。換句話說，她相信每個人都能改變，而文學可以引導這種改變朝向善良的方向發展。

曾被認為是典型反社會人格的殺人犯拉里．牛頓說，他在閱讀莎士比亞後，開始好奇他人的人生。他還表示，包括他在內的幾乎所有囚犯都第一次萌生了想為社會做出貢獻的念頭。在被判終身監禁、無法活著走出監獄的情況下，開始好奇他人的生活，或許是一件殘酷的事情。

有一些人批評勞拉教授的莎士比亞課程，認為這只是在培養更聰明的罪犯。他們的邏輯是，應以惡制惡，而非以善報惡。然而，莎士比亞在喜劇《一報還一報》中留下了一句經典台詞：「可以恨罪，但不要恨人。」讀完勞拉教授的書後，我們能清楚地感受到，他們也是人。

一部描寫ＭＺ世代透過加密貨幣「堅持到底」的心理小說

用比特幣獲得成功的ＭＺ世代主角們

張琉珍（장류진）作者畢業於延世大學社會學系，她結合自己在板橋科技谷的工作經驗，創作出符合二十一世紀的新形式和素材的勞動小說。她將熱衷於比特幣的所謂「現在的年輕人」，即二十到三十多歲的情感描繪在小說中。

張琉珍作者的長篇小說《我們想去的地方》（달까지 가자）描述了三位職場前後輩共同投資以太幣的故事。事實上，在ＭＺ世代中，透過比特幣或以太幣致富的人，大多像小說中的主角一樣，堅持長期投資。小說的三位主角分別賺了二億、三億和三十三億韓元，在一年內實現了投資本金一百倍的收益。當大家一窩蜂投資比特幣時，最早嗅到新的可能性並提議投資以太幣的大姐賺到了

三十三億韓元。她在聖水洞[205]買下了一間小型商舖，還購買了一輛漂亮的進口車，並辭去了令她感到厭煩的工作。

小說充分揭示了二十到三十多歲年輕人熱衷加密貨幣的原因。因為在社會、政治層面上雖然某種程度實現了公平，但這種公平在企業文化中根本不存在。小說中的三位主角任職於韓國一家知名的糕點企業，但實際月薪卻不到三百萬韓元。公司以高強度的工作和嚴苛的標準來評價員工。他們努力工作，卻連續四年只獲得「符合要求」這種模稜兩可的評價。在這種情況下，僅憑努力工作想在首爾購買一套價值超過十五億韓元的三十三坪公寓、生養孩子，並負擔每月數百萬韓元的補習費，幾乎可說是遙不可及的夢想。閱讀這部小說時，令人產生了一個想法——現實中的二、三十多歲年輕人除了加密貨幣以外，別無他法。造成這種困境的根本責任在於，縱容韓國企業壟斷的社會文化。

作者傳達了一個訊息——我們應該思考，為什麼湧入股票和加密貨幣投資的年輕投資者，會讓「堅持到底」一詞成為流行。以太幣並非從一開始就一路飆升，而是經歷了多次停滯、下跌，然後再次暴漲。在這個過程中，小說中的主角們創建了一個聊天群，彼此安慰、互相支持並堅持下去。他們的堅持並非消極逃避，而是積極嘗試取得成就的過程。

像小說中的主角一樣的心理，在現實中似乎也正逐漸擴散。持有比特幣而非出售的策略，在現實中已經相當普遍。雖然有人擔心未來有一天量子電腦[206]的出現可能會破解加密技術，但那些高度認可比特幣「去中央化」市場價值的人，更傾向於選擇耐心等待。當然，我們也必須警惕，不應只憑藉過去的經驗，對未來盲目抱持過於美好的幻想。

一部關於極端慾望的期貨期權小說

如果已有描寫加密貨幣的小說，那麼是否也存在一部關於比加密貨幣更危險、投資更龐大的期貨期權小說呢？那就是作家丹耀（音譯，단요）的第二部長篇小

205 位於首爾東區的新興逛街購物天堂。

206 一種利用量子力學原理進行運算的新型計算機。

說《*Inverse*》。這部小說以原油、銅、納斯達克指數等期貨期權為題材展開故事。正如副標題「慾望的世界」所示，小說揭示了與金錢密不可分的慾望錯綜複雜地交織在一起。這部小說若僅依靠取材，是無法完成的，唯有真正參與過市場交易、親身經歷盈虧，才能寫出如此細膩的描述和真實的情感狀態。

小說講述了一名「窮二代」女大學生因渴望賺錢而選擇輟學，搬進單人租屋，不靠投資股票，而是選擇透過期貨交易追求人生大翻盤。「Inverse」（反向）指的是當股價下跌時反而獲利的基金。二〇二〇年三月和四月，正值新冠疫情肆虐之際，美國和韓國股市都像是打開了地獄之門。當時，市場上反向投資的期貨買入交易絡繹不絕。然而，短短兩個月後，包括股價在內的期貨基礎資產暴漲，導致那些透過反向投資期貨的人蒙受了巨大的損失。韓國期貨每三個月會有一次結算日，而美國期貨則可隨時交易，因此只要抓準時機提前脫手，就可能成為暴發戶。有人因此破產，也有人暴富。小說中還描寫了一位期貨投資者在面對史無前例的負油價情況時，懷疑系統是否故障的場景，生動地重現了那段時期。

小說的主角對於韓國期貨的槓桿率僅為兩倍，且需要經過一定時間的教育與資格審核才能參與交易感到不滿，於是像飛蛾撲火般無所畏懼地投入了波動性更大的海外期貨市場。或許是因為新手運，她曾經一天賺進一億韓元。然而，在這個「不是全贏就是全輸」的世界裡，顯然無法避免巨大的損失。為了避免被強制平倉[207]，主角甚至匆忙向媽媽借錢。最終，在市場反彈之前，她成功平倉期貨合約，賺了將近七億韓元，並用這筆錢在地方創新城市買了一套公寓。

做過期貨期權交易的人都知道，這比任何形式的賭博都更為極端。一天賺一億韓元時，體內會分泌多少多巴胺？反之，如果虧損了同等金額，血清素數值又會降到什麼程度？書中的主角有時一天二十四小時裡有二十一小時保持清醒，有時則一睡就是二十一小時。有時能享用十萬韓元的高級鮪魚料理，有時卻只能餓著肚子。她的生活就像是期貨期權的本質一樣，充滿了極端的波動。正如小說中的表述，那感覺就像背著炸藥在奔跑。小說用以下方式描述了期貨市場。

「快速上下波動的報價窗口，不斷進入又撤出的交易單，就像為心臟安裝了增壓泵。帳戶餘額時而增加，時而減少。彌補虧損的執念讓頭腦發熱、心跳加

207 指投資者進行相反方向的買賣，完成交易，結算實現利潤。

速……其他交易者的面孔如今已變成冰冷的數字行列，而K線圖只不過是難以解讀的圖形罷了。」

實際上，由於期貨期權的風險太高，有錢人在一般情況下也不會輕易涉足。然而，的確有一些人僅靠期貨期權便賺了數兆韓元。尤其是MZ世代中，有些人覺得數十倍的資金槓桿還不夠，甚至進一步投資能夠使用高達八百倍槓桿的「外匯保證金交易」（這是一種匯率期權，指提前背負數百倍債務並以固定價格進行購買）。另一方面，也有人反其道而行，利用那些不經學習就「飛蛾撲火」的人。如果在缺乏充分學習和瞭解的情況下，便輕率地投入虛擬貨幣或期貨期權，那麼結局絕不可能像小說中的主角那般美好。

韓國的科幻小說家描繪的資本壽終正寢的世界

美國的有錢人為什麼讀科幻小說？

美國有錢人主要閱讀科幻小說，而韓國有錢人則更偏愛閱讀歷史小說和社會小說。為什麼美國的知名執行長和有錢人會偏愛科幻小說呢？

1. **對未來的樂觀主義**：美國社會普遍對技術發展和創新持積極態度。科幻小說探討未來社會的各種可能性，這對於總是樂觀看待未來的有錢人來說，具有極大的魅力。
2. **對技術的關心**：作為技術先進國家，美國有許多有錢人直接投資或參與技術產業。科幻小說通常涉及尖端技術和未來技術，這與對這些領域感興趣的有錢人十分契合。

3. **逃避主義**：科幻小說提供了逃避現實世界並體驗另一個世界的機會。有錢人經常生活在不斷的競爭和壓力之中，透過科幻小說，他們可以暫時逃避現實，享受探索新世界的體驗。

由於韓國的文化重視從過去中汲取的教訓、社會責任感和文化自豪感，因此歷史小說和社會小說受到了更多的關注。然而，隨著財富的重心從五、六十多歲族群轉向ＭＺ世代，預計今後韓國對科幻文學的喜愛程度將大幅增加。事實上，ＩＴ企業的執行長們積極閱讀科幻文學，甚至還會向員工推薦。

複製鬼對資本主義的諷刺

韓國的科幻小說正在日益發展。金草葉[208]、鄭寶拉[209]、金寶英[210]、千先蘭[211]等年輕作家活躍於韓國科幻文學界，推動了科幻小說的長足進步，科幻如今已堂堂邁入文學主流。

現代文學出版社匯集了二十位韓國科幻作家的作品，出版了短篇小說集《在如此美麗的世界》（이토록 아름다운 세상에서）。在這二十篇短篇小說中，若要選出想像力尤為出色的作品，我會推薦李慶熙（音譯，이경희）作家的〈空中跳躍技術對陰間行政的影響〉（공중 도약 기술이 저승 행정에 미치는 영향）和該書同名小說李漢鎮（音譯，이한진）作家的〈在如此美麗的世界〉（이토록 아름다운 세상에）。令人驚訝的是，李漢鎮竟然是二〇〇一年出生的作家。

年輕作家們的新穎想像力，基於對老一輩所留下的污染地球進行尖銳的諷刺，如同活蹦亂跳的鮮魚般充滿生氣。閱讀李慶熙的作品時，讓人不禁聯想到一九七〇年代風靡一時的電視劇《星艦奇航記》（*Star Trek*）。這部小說在哲學層面上顛覆了《星艦奇航記》中出現的瞬間移動技術。《星艦奇航記》之所以將瞬間移動

208 김초엽，一九九三～，浦項工大化學系畢業，代表作有《如果我們無法以光速前進》。
209 정보라，一九七六～，延世大學人文學系畢業，代表作有《紅刃》、《詛咒兔子》。
210 김보영，一九七五～，韓國科幻小說先驅作家，曾任奉俊昊執導電影《末日列車》編審，代表作有《我等待著你》。
211 천선란，一九九三～，檀國大學創作系碩士，代表作有《一千種藍》。

技術當作題材，其實是為了避免拍攝上的困難。當時３Ｄ電腦圖形技術尚未成熟，與其拍攝太空船模型起飛與著陸的場景，不如用瞬間移動的設定來切換場景，更能大幅降低製作成本。

然而，從物理學的角度來看，瞬間移動實際上是不可能的。理論上，瞬間移動需要將人分解成原子後重新組合，但這會產生一個重大矛盾。將生命分解成原子，實際上代表著死亡。

在〈空中跳躍技術對陰間行政的影響〉中，作者針對這個矛盾提出了全新的觀點。也就是，瞬間移動技術的實現會讓陰間忙得不可開交。如果人類能在一秒內從首爾瞬間移動到紐約，那麼在那一刻，人類就會死亡。如果陰間確實存在，那麼靈魂自然會被接引至陰間。而當這個人從紐約瞬間移動回首爾時，又會再次經歷死亡。當同一個人連續死亡的時候，就會導致陰間出現兩個相同的複製鬼。

隨著這樣的死亡事件不斷發生，陰間也將迎來它的極限。因為瞬間移動技術的出現，每個人都會反覆經歷死亡與復活，而每一次死亡，都會讓陰間增加一條鬼魂。在這個能夠無限複製的宇宙中，人類的生存空間逐漸擴散至宇宙之中，而數量暴增的鬼魂，最終也會試圖征服陰間。小說透過這樣的新穎設定，對於人類的存在本質，以及不斷追求資本複製的資本主義發出了犀利的諷刺。

過於矛盾的「美麗世界」

二〇〇一年出生的作者撰寫的短篇小說〈如此美麗的世界〉是一部描寫重力減弱的地球上會發生什麼可怕後果的反烏托邦小說，故事內容與反諷的標題一樣，以幽默的方式展開。

人們起初並未察覺任何問題，甚至為不動也能減輕體重而感到欣喜。然而，隨著重力逐漸減弱，最終人類只能回到宇宙這個最初的故鄉。在所有人回到最初故鄉的那一刻，作者說道：

「地球毫不留戀地將懷中的一切釋放到宇宙中……在最後一刻才意識到的恍惚中，這般美麗的世界，最終迎來的竟是苦澀的毀滅。」

當人類從地球上消失後，還有誰能傳遞這美麗的世界呢？在這美麗的最後世界中所感受到的諷刺，就像是對破壞地球、自掘墳墓的人類的一種感慨。二〇〇一年出生的作者似乎精準看透了這一點。

傑夫·貝佐斯的「最小化後悔」法則來自這個人的小說

有錢人的後悔，窮人的後悔

成功的人思考「我還沒有做的事」，而沒有實現成功的人則後悔「我已經做過的事」。有些人因錯誤的選擇或失誤而深受折磨，反覆咀嚼那些痛苦的歲月並後悔不已，他們的人生絕對稱不上成功。

截至二〇二三年，全球首富是特斯拉的伊隆·馬斯克，但到了二〇二四年四月，這個排名發生了變化。取而代之的是 Amazon 的創辦人、現為太空旅行公司藍色起源負責人的傑夫·貝佐斯。貝佐斯擁有二千億美元的財產，居住在價值超過二千億韓元的如宮殿般的豪宅中。然而，他的人生哲學卻極為簡單。從創辦 Amazon 開始，到以苛刻的方式經營公司，甚至被稱為惡名昭彰的執行長時，他始終秉持著一個信念，那就是「最小化後悔法則」（Regret Minimization Framework，RMF）。

貝佐斯畢業於普林斯頓大學，主修電腦科學。他曾是華爾街炙手可熱的基金經理，但他毅然走出舒適圈，創建了全球第一家前景完全無法預測的網路書店。當時，他問自己一個問題：「這是能讓我在年老的時候，將後悔最小化的選擇嗎？」他就根據這個答案，採取了行動。儘管每個人都夢想著過上毫無後悔的人生，但那其實是屬於神的領域，因此，貝佐斯才使用了「最小化」這個名詞。

眾所周知，貝佐斯是科幻文學的狂熱粉絲，但他其實也是正統小說與純文學小說的愛好者。他曾經盛讚《長日將盡》（*The Remains of The Day*）是他人生中「最棒的小說」，甚至還表示，這本書為他提供了「最小化後悔法則」的靈感。這本書是諾貝爾文學獎得主石黑一雄[212]的作品。小說的主角是一位英國貴族豪宅的管家，而豪宅的主人被懷疑是納粹分子。戰爭結束後，這名管家對自己的選擇感到後悔。他後悔的第一點是，對曾是法西斯主義者的主人絕對忠誠；第二點是，他未曾鼓起勇氣向心愛的女人表達情感。

如何選擇，又該如何後悔

傑夫・貝佐斯的「最小化後悔法則」和石黑一雄的小說《長日將盡》之間有著相當有趣的關聯性。儘管兩人都圍繞著「選擇與後悔」這個主題，但切入角度與結論卻不盡相同。

首先，傑夫・貝佐斯的「最小化後悔法則」核心在於，在思考未來時，目標是從所有可能的選擇中，挑選出最不會讓自己後悔的選項。他的原則強調，當下的選擇將直接影響未來是否會後悔，因此我們需要以長遠的眼光來謹慎抉擇。貝佐斯表示，透過個人經驗，他深刻體會到最小化後悔的重要性。在決定創立Amazon之前，他仔細權衡了各種可能性，最終選擇了一條未來不會令自己後悔的道路。

212 一九五四～，英國小說家和劇作家，一九六〇年隨父母移居英國，曾四次入圍布克獎，並在一九八九年以《長日將盡》獲得布克獎，二〇一七年獲頒諾貝爾文學獎。

接下來看《長日將盡》，這部小說的核心主題是記憶與後悔的不確定性。小說傳遞的訊息是，我們雖然能回顧過去的選擇，但無法改變那些選擇。有趣的是，石黑一雄並不認為後悔是一種應該完全避免的負面情緒。相反，他認為，過去的經驗是促使我們學習和成長的機會。

如果說貝佐斯的重點在於最小化未來的後悔，那麼石黑一雄的重點則在於從過去的後悔中學習與成長。儘管他們對後悔的看法有所不同，但他們的共同點在於強調對選擇結果負責。無論做出什麼選擇，我們都應該對選擇負起責任。如果能牢記這個簡單的真理，我們就能做出更好的決定，從而最小化後悔。

比爾・蓋茲、伊隆・馬斯克和祖克柏都愛讀的小說

他們為什麼沉迷於這部小說？

有一部小說影響了伊隆・馬斯克、比爾・蓋茲和馬克・祖克柏這三位傑出的執行長。這部小說就是道格拉斯・亞當斯[213]的著名作品《銀河便車指南》（*The Hitchhiker's Guide to the Galaxy*）。小說講述了一個普通的英國人在銀河旅行時，目睹了地球的毀滅，並試圖扭轉時間以阻止這個結局。在這段過程中，主角領悟到宇宙的終極本質。有趣的是，這三位執行長喜愛這本書的原因各不相同。

213 Douglas Adams，一九五二～二〇〇一，英國廣播劇作家和音樂家。

伊隆・馬斯克曾在與傳記作家華特・艾薩克森（Walter Isaacson）會面時，談到這本書對他的影響。從小對科學技術懷抱熱情的他，被這本科幻小說中對科學概念和技術的機智描寫深深吸引。他至今仍然喜歡這本書的另一個原因就是幽默感。本書充滿了獨特的諷刺幽默。地球在一夜之間被炸毀的場景，與主角亞瑟・鄧特在家園被拆除的前一天，從以冷漠著稱的英國公務員那裡收到通知的場面形成鮮明對照，充分展現了作家詼諧且犀利的幽默感。最後，馬斯克提到，他喜歡這本書所展現的反抗精神。馬斯克本就是一個敢於挑戰現有體系並探索新可能性的人，因為對這部小說中包含的對權威的諷刺和反抗精神產生了深深的共鳴。

從銀河系中汲取的自由

比爾・蓋茲以稍微不同的視角來欣賞這部小說。他表示，自己從這部作品中學到了創意性思考方式。以創新思考聞名的比爾・蓋茲，對《銀河便車指南》挑戰傳統思考方式並提出嶄新觀點的獨特世界觀感到十分好奇。這本書吸引他的第二個原因是其所展示的解決問題能力。在小說中，各種問題和危機層出不窮，而主角總能一一化解。比爾・蓋茲提到，他從中獲得了對商業領導力的啟發。此外，他也從這部小說中讀出了「樂觀」這個概念。他後來表示，在各種困難中仍不放棄希望的樂觀態度和訊息，為他的事業成功帶來了靈感。

三人中最年輕的馬克・祖克柏，為什麼將這部小說視為影響人生的重要作品呢？首先是對「技術的熱愛」。從小對電腦程式設計非常感興趣的祖克柏，在國中時讀了《銀河便車指南》。這本書激發了他對未來技術和太空旅行的有趣想像，並成為他進入ＩＴ領域的契機。更令人驚訝的是，祖克柏還表示，他從這部小說中學到了事業成功的核心所在——「網路」的重要性。書中描寫了各種族群與生命體相互連結，形成網路的場景。祖克柏將這種網路的重要性運用到自己的社交網路服務——Facebook 的開發之中。

祖克柏從這本書中汲取的另一個詞彙是「自由」。美國ＩＴ專家指出，小說中的主角們不受權威束縛、自由生活的形象，對祖克柏的企業文化與經營方式產生了影響。

總而言之，這三位執行長根據各自的興趣和經歷，從同一本書中讀出不同的訊息並獲得靈感。這也讓我們真切地感受到，擁有屬於自己的閱讀理解能力在創造財富方面能發揮多麼強大的影響力。

從ESG到未來職業，追逐小說中的想像力

鄭寶拉小說描繪的可持續地球

憑藉《詛咒兔子》（저주토끼）入圍英國布克獎候選名單的鄭寶拉，是一位個性獨特的作家。她與許多韓國科幻作家獲得靈感的柏納・韋柏[214]不同，也與韓國科幻第一作家金草葉大有不同。首先，她的作品中經常出現動物，讓人聯想到韓國傳統的擬人化文學，而且故事情節奇異離奇。在韓國，這類文學作品吸引了大量體裁文學讀者，但在國外，鄭寶拉的作品卻擁有更廣泛的粉絲群體，這可能與她作品中的奇異魅力有關。在她的作品中，讀者常感受到一種不安的既視感，彷

214 Bernard Werber，一九六一～，法國科幻小說作家，代表作為《螞蟻》、《螞蟻時代》、《螞蟻革命》。

佛做了一場不祥之夢，但卻記不清夢境的內容。如果用電影來形容，她的作品也許與提姆．波頓[215]導演的作品很相似。

鄭寶拉作家畢業於延世大學人文學院，主修俄羅斯文學。她對俄羅斯文學有深厚的興趣，並曾翻譯過多部俄羅斯作品。最近出版的《地球生物體投降吧》（지구 생물체는 항복하라）將章魚、大閘蟹、鯊魚等海洋生物擬人化，強烈譴責人類中心主義。

「死亡如花朵般，如絲綢般，如星星的帷幕般從天而降。閃耀著五顏六色的死亡像柔和的虛假希望一樣盡情膨脹，然後飄動著輕輕發光而纖細的幾條橋梁，振動著翅膀，將世界擁入懷中。」

這是對惡夢既生動又美麗的描述。將死亡這個不祥的元素處理成夢境的手法非常獨特。這部作品講述的是來自外星的智慧海洋生命體的故事。小說中的海洋生物能夠理解死亡，這正是牠們具有智慧的證據。牠們原來居住的行星與地球相似，但海洋面積比地球大。這裡並沒有國家，而是分為生活在水面附近的族群與生活在深海的族群。有社會便有階級。在這顆行星上，章魚長期處於獨裁統治地位。在人類歷史中，民主主義是近期才誕生的少數派政治勢力，而人類幾乎總是生活在獨裁下。作者解釋這個現象的原因，認為這是因為人類受限於擁有物理形態的身體，並生活在孤立的自我之中。此外，所有個體只能從自己的主觀視角來看待世界，因此人類不習慣從他人的角度出發，這使得人類與其他星球的智慧生命體在試圖向世界強加自己的觀點時，產生了壓迫。從作者的後記中，可以清楚看出這部小說對文明持強烈批判的立場。

本書指出，無論是習近平、普丁、金正恩[216]，還是美國，都應該在自然與地球面前屈服。作家憑藉獨特的想像力，將氣候災難帶來的警示訊息傳達給人類。某種程度上來看，這似乎是理所當然的結果。閱讀這部犀利批判文明與人類的小說時，不禁讓人聯想到未來將迎來ＥＳＧ投資的時代。隨著人們對氣候變化、環境污染、社會不平等等全球性問題的關注日益增加，人們在投資時也開始意識到，

215 Tim Burton，一九五八～，美國電影導演、製片人、藝術家、作者、動畫製作者，以其黑暗、哥德、死亡的風格聞名。

216 김정은，一九八四～，朝鮮民主主義人民共和國政治人物，現為北韓第三代最高領導人。

自己應該承擔起為創造可持續未來的倫理責任。因此，投資者會透過評估企業在環境、社會及公司治理方面的責任，來篩選出能夠創造社會價值的企業，並給予支持。

金草葉所說的不安的烏托邦

金草葉可能是讀者最熟悉的韓國科幻作家。她是一位畢業於浦項工科大學生物化學系並完成碩士學位的研究員，科學背景和常識滲透在她作品的每個角落。金草葉的第二部長篇小說《派遣者們》（파견자들）在整體框架上與前作《地球盡頭的溫室》（지구 끝의 온실）相似，但世界觀更加細緻精巧。這部作品講述了未來人類社會中某種職業的故事。

在未來的地球上，人類遭到來自宇宙的未知生物體——氾濫體的攻擊。氾濫體是一種能侵入人類大腦並引發狂躁症的物質，感染者會變得暴力且具有破壞性。派遣者則是負責調查並消滅氾濫體的人。小說描寫了透過嚴格選拔考試入選的派遣者們開始工作的過程。主角泰林以最優異的成績通過了派遣者選拔考試，隨後前往氾濫體的棲息地，與它們展開對話，並夢想著與它們共生。

在小說中，人類對陌生的存在既著迷又憎惡，展現出矛盾的心理。金草葉作家表示，她的創意靈感來自微生物。根據腦腸軸理論，腸道微生物不僅影響人類的情緒，甚至還會影響決策結構。未來人類可能會遇到的宇宙生命體，既可能是與人類相似的高等生物，也可能是類似於棲息在我們體內的細菌或病毒等微生物。為了創作這部小說，作者閱讀了《真菌微宇宙》（*Entangled Life*）、《五感之外的世界》（*An Immense World*）、《身為自己：人類意識的新科學》（*Being You*）等哲學和生物學相關書籍，並透過小說探討了超越人類物種的感知、感覺和認知。

從前作《如果我們無法以光速前進》（우리가 빛의 속도로 갈 수 없다면），作者便開始認真探討人工智能，而這次在這部小說中，人工智能依然是極為重要的主題。小說中的人工智能被稱為「Neurobrick」。Neurobrick 是為了應對氾濫體的威脅開發而成，能夠保護人類大腦免受氾濫體侵害。對於派遣者而言，Neurobrick 也是必不可少的裝備，他們在進入地表世界之前，必須先植入 Neurobrick。

這本書不斷地提問：什麼是人的意識？人類共生共存的邊界在哪裡？我們是

否能夠和其他存在溝通？當人類面對陌生的存在時，應該如何克服敵意？作者透過對話、獨白及細膩的描寫等多種小說描寫方法，呈現了各種方面的苦惱。

金草葉作家所描繪的世界表面上看似反烏托邦，內裡卻充滿了烏托邦的希望。儘管人類不斷與同類和其他物種展開戰爭，但只要我們始終保持求知的態度與好奇心，或許有一天，戰爭終將止息。這部小說的文字與想法極具教育意義，因而受到高中生的廣泛閱讀，並經常成為大學考試的參考書目。

透過科幻小說展望未來

閱讀科幻小說時，我們自然而然會思考未來的我們將從事什麼樣的工作、如何生活、以及哪些職業將崛起。人工智能、大數據、金融科技、生物科技與機器人工程等新興技術與相關產業正在迅速發展，並創造出嶄新的市場和機會。許多投資者希望透過投資並參與這些具有高度成長潛力的領域來累積更多財富。

正如一九五〇至一九六〇年代的科幻小說曾預見二十一世紀的網路革命與太空旅行，如今的科幻小說也為數十年後可能興起的職業提供了線索。事實上，許多國際知名的企業執行長透過科幻小說來掌握未來社會的變化與趨勢，啟發新的商業構想，並搶占新市場的先機。在許多情況下，未來備受矚目的職業可能會致力於解決社會問題並改善人類生活，從而對社會做出貢獻。

此外，科幻小說在「溝通」層面也具有特殊意義。透過千禧世代與Z世代熱衷的韓國年輕科幻作家的小說，我們可以理解這些世代的價值觀與文化，並開啟跨世代溝通的窗口。這正是「年輕閱讀」對我們每個人都至關重要的原因。

年薪一兆韓元的男人：金秉奏會長寫小說的原因

韓國最高收入者夢想成為小說家

三星電子會長李在鎔無疑是韓國最頂尖的財閥，但收入最高者另有其人。若單論一年的收入，大韓民國中沒有人能與私募基金 MBK Partners 的創辦人兼會長金秉奏（김병주）相比。

他雖然不是財閥出身，卻是財閥家的女婿。他的岳父是浦項製鐵的創辦人、已故會長朴泰俊（박태준）。然而，他的財富並非來自妻子的家族資產。要了解他致富的秘訣，首先需要認識私募基金的企業模式。私募基金是一種透過少數投資者募集資金進行非公開投資的基金，主要投資於未上市企業、風險企業或房地產等，並以高收益率為目標。有別於公募基金或共同基金投資股票、債券、期貨

或期權等，私募基金主要透過推動未上市企業上市，或透過併購（M&A）以低價收購企業，並最終以高價出售來獲取巨額利潤。被譽為「私募基金之王」的金秉奏會長，管理的資金總額超過一百兆韓元，如果加上管理費用和從高額利潤中獲得的績效獎金，他的年收入遠超過數億韓元，甚至接近一兆韓元。

一九六三年出生的金秉奏會長，小學時便移居美國，並在當地讀完了研究所。眾所周知，他畢業於美國知名學府哈佛大學商學院。但鮮有人知道，他的大學時期選擇的是對我們而言相對陌生的博雅學院（Liberal Arts College，以人文學、語言學、社會科學與自然科學等通識課程為核心，專注於本科教育的學院）。他於哈弗福德學院（Haverford College）獲得英文學學士學位，而他的夢想並非成為私募基金之王，而是成為一名小說家。

金秉奏會長的韓國非公開自傳小說

事實上，金秉奏會長出版了一本尚未在韓國公開的英文小說《*Offerings*》（祭品）。這是一部自傳體小說，金秉奏會長彷彿寫日記一般，將自己從三十多歲擔任基金經理開始，長達二十五年的人生閱歷融入其中。小說以ＩＭＦ危機、外匯危機以及美國次貸危機等重大金融事件為主軸，講述了韓國主角李大俊在美國求學和工作過程中所經歷的文化差異與歧視等問題。

這本書的引人入勝之處在於，讀者能夠透過它窺探幾乎未曾對外公開個人資訊的金秉奏會長的人生。此外，這本書還揭示了這位在美國華爾街締造成功神話的韓國人——金秉奏會長獨特的成功秘訣，這一點也具有相當重要的意義。

小說的主角李大俊和金秉奏會長本人一樣畢業於哈佛商學院。他在協助自己的哈佛商學院同學兼韓國財閥家族成員的朋友——朴賢碩，挽救陷入危機的企業時，親眼目睹了韓國財閥企業的真實面貌。在這個過程中，主角對不透明的交易慣例以及對財閥所有者的盲目追隨產生了強烈的批判意識。他逐漸意識到，韓國外匯危機的爆發，與財閥長期進行無節制的「章魚式擴張」息息相關，而這也是韓國經濟的痼疾之一。此外，他也發現韓國內部錯綜複雜的勞資關係正嚴重阻礙企業的創新發展。

透過這部金秉奏會長在大學畢業後仍持續耕耘文學創作的小說，我們可以間接感受到他的核心信念——人類之所以會犯錯，根源在於對慣例或習俗的盲從，然而，身為會犯錯的動物，人類也應該被理解。儘管人類難以改變，但小說中強烈地展現了一種信念：人類可以改變自身習慣與所處社會的文化，因此，人類是能夠改變的存在。

如果金秉奏會長當初只專注於經營學和經濟學等數字方面，而非人文學的話，也許他會在週期性危機頻發的資本主義社會中被嚴重動搖，甚至面臨沉沒的危機。透過閱讀這部出自大韓民國首富金秉奏會長之手的小說，我們能夠感受到他的人性深處所蘊含的人文素養力量。

217 指企業涉及行業面廣闊，兼顧四面八方，盲目發展壯大自己。

國家圖書館出版品預行編目資料

有錢人的書櫃總有一本人文書 / 申鎮相著 ; 林又晞譯 --初版.--臺北市 : 平安文化, 2025.7 面 ; 公分. --(平安叢書 ; 第853種)(Money Maker ; 19)
譯自 : 부자의 서재에는 반드시 인문학 책이 놓여 있다

ISBN 978-626-7650-51-6 (平裝)

1.CST: 經濟哲學 2.CST: 投資分析 3.CST: 趨勢研究

550.1 114007546

平安叢書第0853種

Money Maker 019

有錢人的書櫃總有一本人文書

부자의 서재에는 반드시 인문학 책이 놓여 있다

This book is published with the support of Publication Industry Promotion Agency of Korea (KPIPA)

作　　者—申鎮相
譯　　者—林又晞
發 行 人—平　雲
出版發行—平安文化有限公司
台北市敦化北路120巷50號
電話◎02-27168888
郵撥帳號◎18420815號
皇冠出版社(香港)有限公司
香港銅鑼灣道180號百樂商業中心
19字樓1903室
電話◎2529-1778　傳真◎2527-0904
總 編 輯—許婷婷
副總編輯—平　靜
責任編輯—蔡維鋼
行銷企劃—蕭采芹
封面設計—Dinner Illustration
內頁設計—李偉涵
著作完成日期—2024年
初版一刷日期—2025年7月

法律顧問—王惠光律師

讀者服務傳真專線◎02-27150507
電腦編號◎423019
ISBN◎978-626-7650-51-6
Printed in Taiwan
本書定價◎新台幣380元/港幣127元